UNDER LIME

SIMON STARLING

TEMPORÄRE
KUNSTHALLE
BERLIN

WE THINK THAT THINGS ARE TEMPORARY,
BUT ALL IS ALWAYS CON-TEMPORARY AND ITS EFFECTS WILL ACT FOREVER...

DIETER ROSENKRANZ

INHALT CONTENTS

FORTBEWEGUNG UND DASEIN

PROGRESSING AND EXISTING

Angela Rosenberg

Pflanzen und Pflanzendarstellungen, Motoren und Energiehaushalte, physische und kulturelle Transfers stehen im Mittelpunkt von Simon Starlings Ausstellung *Under Lime* in der Temporären Kunsthalle Berlin. In den drei gezeigten Installationen werden durch den unkonventionellen Einsatz von Maschinen Fortbewegung und Energiefluss nicht nur thematisiert, sondern auch dargestellt. Das Ensemble zeigt auf einfache und augenfällige Weise, wie notwendig die prekäre Balance des Raumklimas für die natürlichen Kreisläufe von Pflanzen ist, ebenso wie für die Präsentation von Kunstwerken.

Plant Room (2008) präsentiert die pittoresken Blüten, Wurzeln und Blätter auf den Fotografien Karl Blossfeldts, *Kakteenhaus* (2002) integriert einen Cereus-Kaktus, und in der neuesten, speziell für diese Ausstellung geschaffenen Installation *Under Lime* (2009) dreht sich alles um einen Lindenast. Dieser stammt von einem der stattlichen Bäume des nahe gelegenen Boulevards Unter den Linden und wurde einem Querbalken unter dem Dach der Kunsthalle aufgepfropft. Unter Pfropfen versteht man im Pflanzenbau eine Technik zur Veredelung von Zier- und Obstbäumen wie auch zum Erhalt einzelner Pflanzen. In letzterem Fall wird ein angespitzter Trieb mit Knospen am eingeschnittenen Stamm des Wurzelstocks einer Jungpflanze angebracht und die Schnittstelle mit Wachs verschlossen, so dass die unter der Rinde gelegenen Schichten der Pflanze zusammenwachsen und den Fluss des Saftes von der Wurzel zur Knospe ermöglichen. Allerdings wird dieser aufgepfropfte Lindenast sicher nicht am Bauholz der Deckenbalken anwachsen, seine Präsentation an dieser Stelle verweist vielmehr auf andere Wurzeln. Der Titel der Arbeit, *Under Lime*, bezieht sich zunächst offensichtlich auf den Namen des repräsentativen Hauptstadtboulevards. Die lange Baumallee ist die urbane Großstadtadaption der historischen Dorflinde als

Plants and images of plants, motors and power systems, physical and cultural transfers are the mainstay of Simon Starling's exhibition *Under Lime* in the Temporäre Kunsthalle Berlin. In the three installations on display, the unconventional use of machines as modes of transport and energy supplies is not only alluded to: it is seen in action. The ensemble demonstrates, simply yet strikingly, how vital it is that the precarious balance of the atmosphere be maintained both to sustain the natural processes of plant life and for the presentation of works of art.

Plant Room (2008) houses the highly decorative plants and flowers photographed by Karl Blossfeldt, *Kakteenhaus* (2002) incorporates a cereus cactus into an art installation, and the most recent work, *Under Lime* (2009), specially created for this exhibition, is all about a branch from a lime tree. Cut from one of the magnificent trees lining the nearby boulevard, Unter den Linden, it has been grafted to a roof beam in the Kunsthalle. In horticultural terms grafting is a technique used to improve ornamental trees and fruit trees and to propagate individual plants. In the latter case, a prepared shoot with buds is introduced into the cut stem of the rootstock. The cut surfaces are sealed with grafting wax so that beneath the bark the two varieties will knit together and the sap will reach the buds. But the lime branch grafted to the timber of the roof beam will certainly never grow; its presentation here has other roots. The title of the work, *Under Lime*, is in the first instance a clear reference to the city boulevard outside the gallery. This extended avenue is an urban version of the linden tree that used to be the focal point of traditional village life, where the locals would meet and interact. In the past this focal point of the capital city has not only been a place for idyllic strolls and outings, it has also served as a backdrop for the very different images presented by the regimes and political systems that have shaped German history.

Mittelpunkt einer ländlichen Gemeinschaft und Versammlungsort der Bewohner. In der Vergangenheit wurde dieser Mittelpunkt der Hauptstadt jedoch nicht nur für idyllische Spaziergänge genutzt, sondern diente vor allem den verschiedenen Machthabern und politischen Systemen in der wechselvollen deutschen Geschichte als Ort für ihre jeweilige Selbstdarstellung.

Under Lime zeigt den Lindenast zusammen mit einer Kettensäge, mittels derer er vom Stamm getrennt wurde. Starling setzt dieselbe Kettensäge ein, um den Ast an seinem neuen Ort anzubringen. Er funktioniert sie zu einem ungewöhnlichen Antrieb um, der ihn an einer Flaschenzugkonstruktion wie ein Aufzug bis zur Decke hebt. Der Ast als Symbol, der Künstler als Passagier und die Säge als Vehikel verdeutlichen, wie Starling kreative und bildnerische Prozesse einsetzt und sie gleichzeitig strukturell seziert und transformiert. *Under Lime* beinhaltet

zudem ein Wortspiel: Vordergründig eine wörtliche Übersetzung von Unter den Linden, wirkt er gleichzeitig wie eine Abwandlung des englischen „sublime" und spielt auf eine romantische Lesart von Kunst an, die in ihr weniger das Alltägliche als ein darüber erhabenes Ideal sieht.

Ganz und gar nicht erhaben, sondern irden und schwer wirkt *Plant Room*, dessen Titel als „Pflanzenraum", aber auch als „Maschinenraum" übersetzt werden kann. Der gewaltige Lehmziegelbau vereint beides in sich, jedoch existieren die in ihm gezeigten Pflanzen nur noch auf den Fotografien Karl Blossfeldts, einem Vertreter der neuen Sachlichkeit, der die Aufnahmen sowohl zu Unterrichtszwecken verwendete als auch im Dialog mit afrikanischer und ozeanischer Kunst zeigte, im Rahmen der Ausstellung *Urformen der Kunst* 1926 in der Galerie Nierendorf in Berlin. Starling präsentiert die Fotografien in einer primitiv wirkenden Architektur aus Lehm, die an

In *Under Lime* the branch is shown along with the chainsaw used to cut it from the tree. Starling deployed this same chainsaw to affix the branch in its new position, in the sense that its motor powered a rather unusual hoist that raised him up to the ceiling. The branch as symbol, the artist as passenger and the saw as modes of transport are typical products of the way that Starling handles his own creative and pictorial processes, of the way he dissects and transforms them. The title *Under Lime* is also a play on words. On the face of it a translation of 'Unter den Linden', it is also related to the English word 'sublime' and, as such, alludes to a Romantic reading of art that seeks out a 'sublime ideal' in art rather than images from everyday life.

Not at all sublime, but earthy and weighty is the impression made by *Plant Room*, whose title could refer equally to 'plants' as in horticulture or 'plant' as in machinery. This solid clay

structure combines both, although the plants shown inside it only exist in the photographs of Karl Blossfeldt. An exponent of New Objectivity, Blossfeldt originally took these photographs as teaching aids but then also showed them in dialogue with African and Oceanic art in the exhibition *Urformen der Kunst* (1926) at the Galerie Nierendorf in Berlin. Starling presents a selection of these photographs in a primitive-looking clay structure, reminiscent of the traditional dwellings of certain African and Latin-American peoples. As one of humankind's most ancient building materials, it has something primal about it; at the same time, however, nowadays it is also increasingly regarded as a material of the future since it can be worked in an extremely energy-efficient manner and can be recycled without any wastage. Most importantly, a clay structure naturally regulates humidity levels inside it so successfully that this distinctly un-museumlike exhibition architecture in fact meets the strictest

die Hütten afrikanischer oder lateinamerikanischer Völker erinnert. Als einem der ältesten Baustoffe haftet Lehm die Ausstrahlung des Ursprünglichen an, aber das Material gilt heute wieder in zunehmendem Maße als zukunftsweisend, da es äußerst energieeffizient zu verarbeiten und rückstandsfrei recycelbar ist. Vor allem reguliert Lehm selbsttätig die Luftfeuchte und wirkt sich derart günstig auf das Raumklima aus, dass diese so wenig museal wirkende Präsentationsform den strengen konservatorischen Anforderungen für das Ausstellen historischer Fotografien Genüge leistet. Eine Brennstoffzelle setzt ein Klimasystem in Gang, um das System zu kühlen. Das Wasser zirkuliert durch die integrierten Schläuche, um die Raumtemperatur und damit auch die Luftfeuchtigkeit konstant zu halten.

Die Rolle des Energiespenders übernimmt für *Kakteenhaus* der alte rote Volvo des Künstlers, der neben dem Spreekanal steht. Der dazugehörige Motor tuckert aufgebockt im Innern der Kunsthalle und ist durch Kabel und Rohrleitungen, die Sprit nach innen und Abgase nach außen leiten, mit dem Chassis verbunden. Mit dem Auto wurde ein Kaktus aus der andalusischen Tabernas-Wüste nach Deutschland transportiert, nun dient es dazu, dessen heimisches Klima am anderen Ort zu simulieren. Das geparkte Fahrzeug ist für die Dauer der Ausstellung ebenso unbeweglich wie die Kunsthalle, die sich für insgesamt zwei Jahre auf der Schlossfreiheit befindet. Es entsteht eine absurde Wechselbeziehung zwischen dem immobilen Fahrzeug und dessen leerer Hülle, der Kunsthalle als Immobilie, die der Kunst Raum bietet, und der Lehmhütte, dem Ausstellungshäuschen im Ausstellungshaus. Dieses Beziehungsgeflecht entwickelt sich an anderer Stelle weiter: Die Leitungen, die sich von außen in den Ausstellungsraum winden, wirken wie formale Widergänger der Wurzelstränge auf

of conservation standards that must be applied to the presentation of historic photographs. A fuel cell powers an air conditioner to cool down the whole system. Water circulates through integrated tubes, to keep the interior temperature of the clay structure down, as well as to keep the humidity of the air on the same level.

The power source for *Kakteenhaus* is the artist's old red Volvo, parked by the Spree Canal. The engine, removed from the car, sits – ticking over – on a stand inside the Kunsthalle and is connected to the chassis by cables and ducting that provide it with fuel and expel the exhaust fumes. This is the same car that was used to transport the cactus from the Tabernas Desert in Andalusia to Germany; now it is it being used to simulate, in this new setting, the climate of the cactus's native land. For the duration of the exhibition, the parked car is as immobile as the Kunsthalle which is at the Schlossfreiheit for two years in total. In a sense there is an absurd interplay between the static vehicle, the Kunsthalle with its temporary status as a place for art, and the clay hut, as an exhibition-hut-within-a-hall. These interconnections develop yet further elsewhere: the ducting that snakes its way into and across the exhibition space seems to echo the tangled roots in Blossfeldt's photographs in *Plant Room* – as though the car body outside *Kakteenhaus* had grown roots that now symbolically connect the lime branch with the architecture.

Plants are organic life forms that are essential to the life-cycle of the natural world, and it seems that Starling goes to almost crazy lengths to sustain his own versions of these in the exhibition. The painstakingly balanced energy systems he has created in the Kunsthalle are designed to meet the contradictory needs of items as diverse as they are fragile (a living plant, a clay structure, vintage prints). The connection between natural

Blossfeldts Fotografien in *Plant Room* – als habe die Karosserie aus der Installation *Kakteenhaus* die Wurzeln geschlagen, die den Lindenast von *Under Lime* symbolisch in der Architektur verankern.

Pflanzen sind organische Lebewesen, die zu einem natürlichen Kreislauf beitragen, den der Künstler durch seine Maßnahmen mit geradezu wahnwitzig wirkendem Aufwand in Bewegung hält. Der mühevoll ausbalancierte Energiehaushalt in der Kunsthalle versucht den antagonistischen Bedürfnissen von ebenso unterschiedlichen wie fragilen Komponenten (lebende Pflanze, Lehmarchitektur und Vintage Prints) Rechnung zu tragen. Die Verbindung von natürlichen Kreisläufen mit den ungewöhnlichen Transport- und Transferaktionen legt den spekulativen Interpretationsschritt vom heiklen Mikroklima der Kunsthalle auf das aus den Fugen geratene Weltklima nahe. Als Verweis auf die Universalität der Beziehung von Natur und Kultur lässt sich in der Verschränkung dieser drei Arbeiten ein utopisches Prinzip in Starlings Arbeitsweise erkennen, die den Grenzen des Ausstellungsraums als Denk- und Aktionsraum die unbegrenzte menschliche Vorstellungskraft entgegensetzt.

Dieser Katalog ist in enger Zusammenarbeit mit Simon Starling entstanden, dessen Ideen durch alle hier abgedruckten Texten fließen. Julian Heynens Essay macht die Arbeiten anschaulich und offeriert eine lineare Lesart der komplexen Elemente in Starlings Werk. Eher kaleidoskopisch geht Dominic Eichler vor, der Teile der Gespräche, die er mit dem Künstler geführt hat, in seinen Text integriert. Starling selbst offenbart in seiner chronologischen Auflistung assoziative, kulturhistorische Bezüge zwischen verschiedenen Ereignissen und nimmt die Leser mit auf eine Reise, die das Ziel hat, Gedankenstränge zu entwirren und neue Bedeutungen zu produzieren.

life cycles and unusual modes of transport and transfer readily suggests a speculative interpretation connecting the delicate microclimate of the Kunsthalle with the skewed conditions affecting the climate of our own world. In an allusion to the universality of the connection between nature and culture, the joint presentation of these three works uncovers an utopian principle in Starling's work that in this case counters the limitations of the exhibition space – as a place for thinking and acting – with the limitless capacities of the human imagination.

This catalogue has been produced in close collaboration with Simon Starling, whose ideas permeate all the texts published here. Julian Heynen's illuminating essay develops a linear reading of the complex components of Starling's work. Meanwhile Dominic Eichler takes a more kaleidoscopic approach and integrates elements of his conversations with the artist into his text. Starling himself – in his own chronological list – suggests associations with cultural history, connecting different events, and takes the reader on a journey designed to untangle different lines of thought and, in so doing, to arrive at new conclusions.

We should like to take this opportunity to express our sincere gratitude above all to Simon Starling for participating so wholeheartedly in the adventure of creating a situation where these three works can enter into dialogue with each other. We are also most grateful to the exhibition's curator, Julian Heynen, and to Dominic Eichler for their multi-faceted explorations of Starling's work. In addition to this, we owe a deep debt of gratitude to all the exhibition's supporters and sponsors. Our gratitude goes also to the University Archive at the Universität der Künste for allowing us access to the photographs of Karl Blossfeldt and to the Kunstraum Dornbirn

An dieser Stelle gilt unser herzlicher Dank insbesondere Simon Starling, der sich mit uns auf das Abenteuer eingelassen hat, diese drei Werke an diesem Ort in einen Dialog treten zu lassen. Ebenso danken wir dem Kurator der Ausstellung, Julian Heynen, und Dominic Eichler für ihre facettenreichen Betrachtungen von Starlings Werk. Großer Dank gebührt allen Sponsoren und Unterstützern der Ausstellung. Dem Universitätsarchiv der Universität der Künste danken wir sehr für die Bereitstellung der Fotografien Karl Blossfeldts sowie dem Kunstraum Dornbirn für die begeisterte Kooperation. Nicht zuletzt geht an dieser Stelle ein großer Dank an das Team der Kunsthalle, das mit viel Elan und Professionalität zur Realisierung dieses Projekts beigetragen hat.

10

for all their enthusiastic help. Last but not least, we thank all the members of the team at the Kunsthalle who contributed to the realisation of this project with such energy and professionalism.

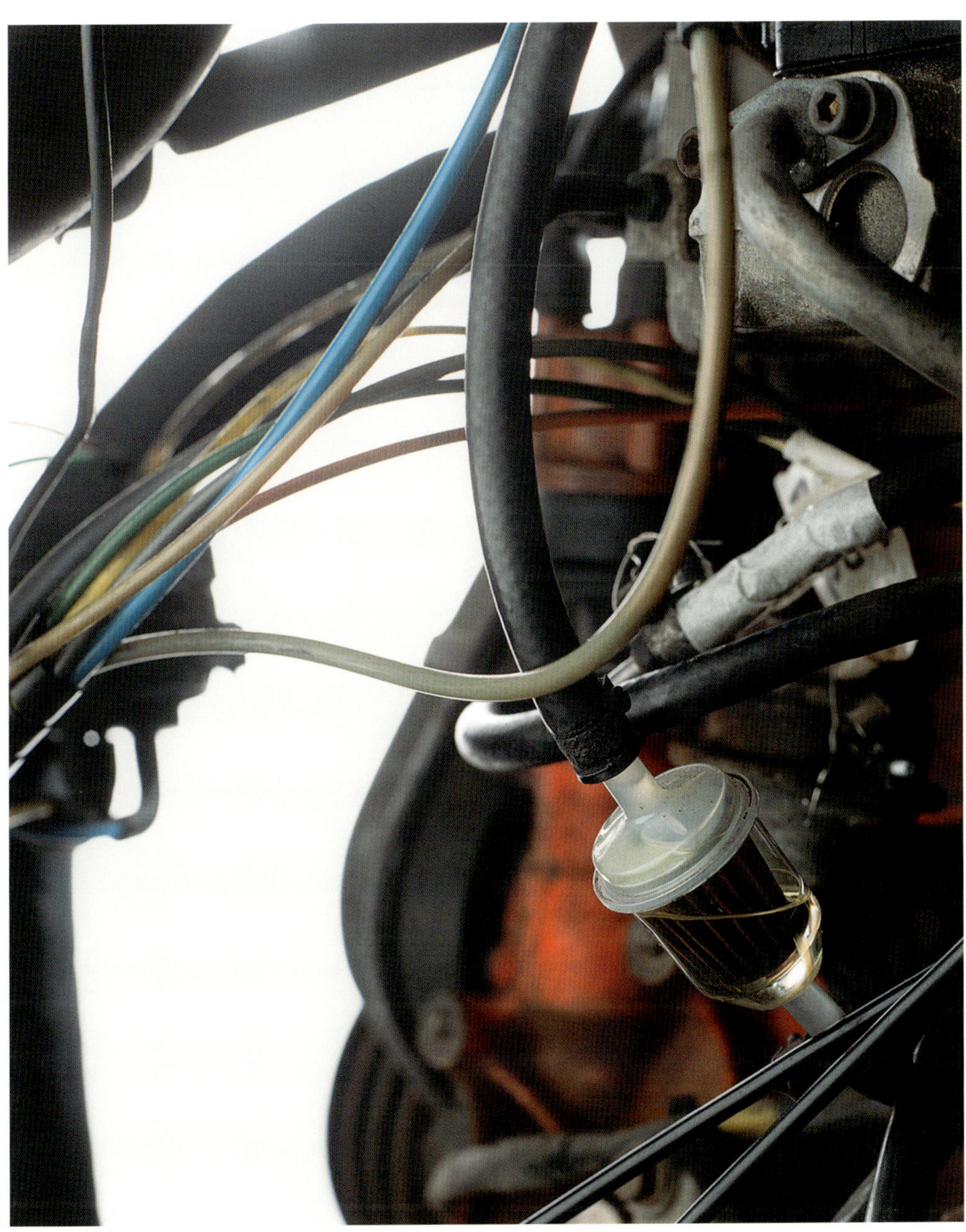

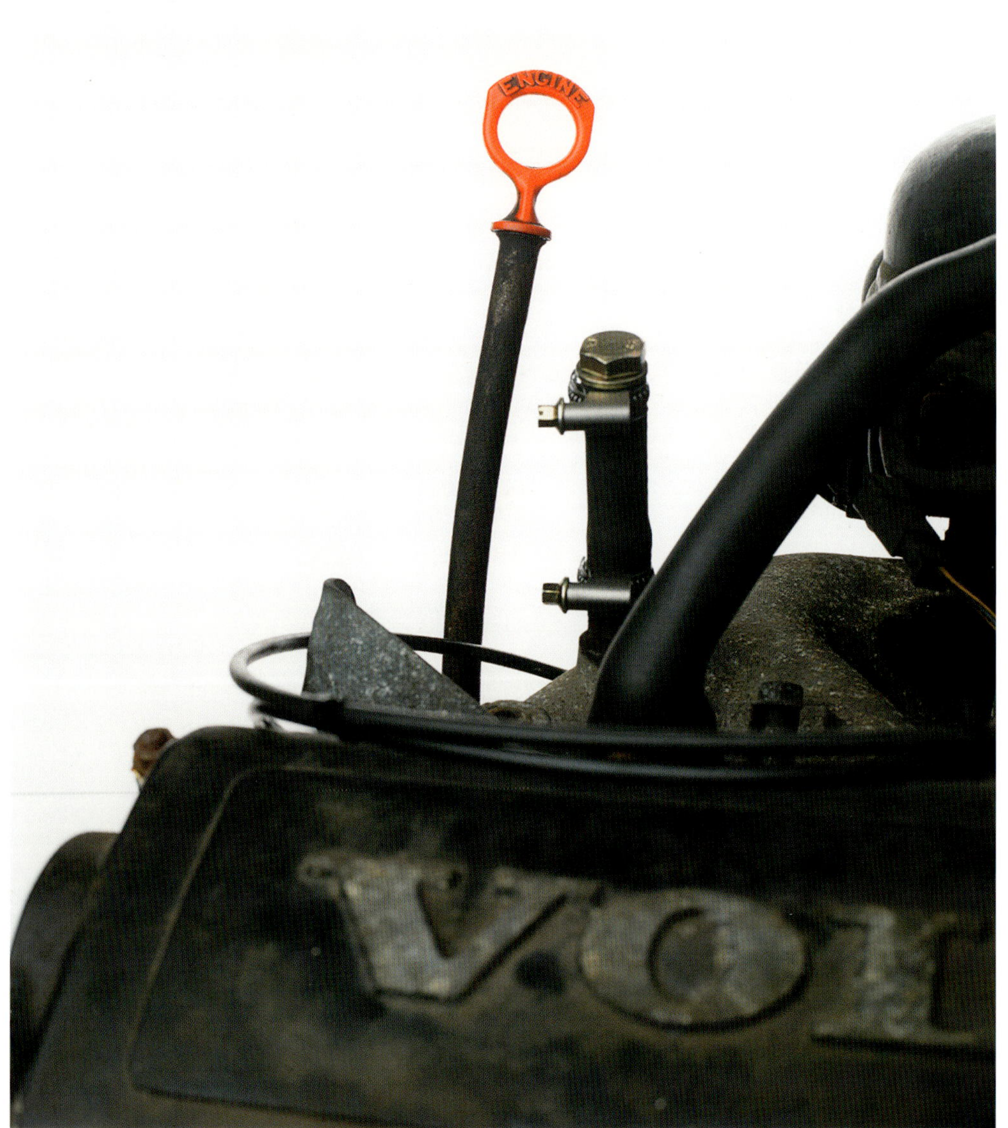
ENGINE
VOL

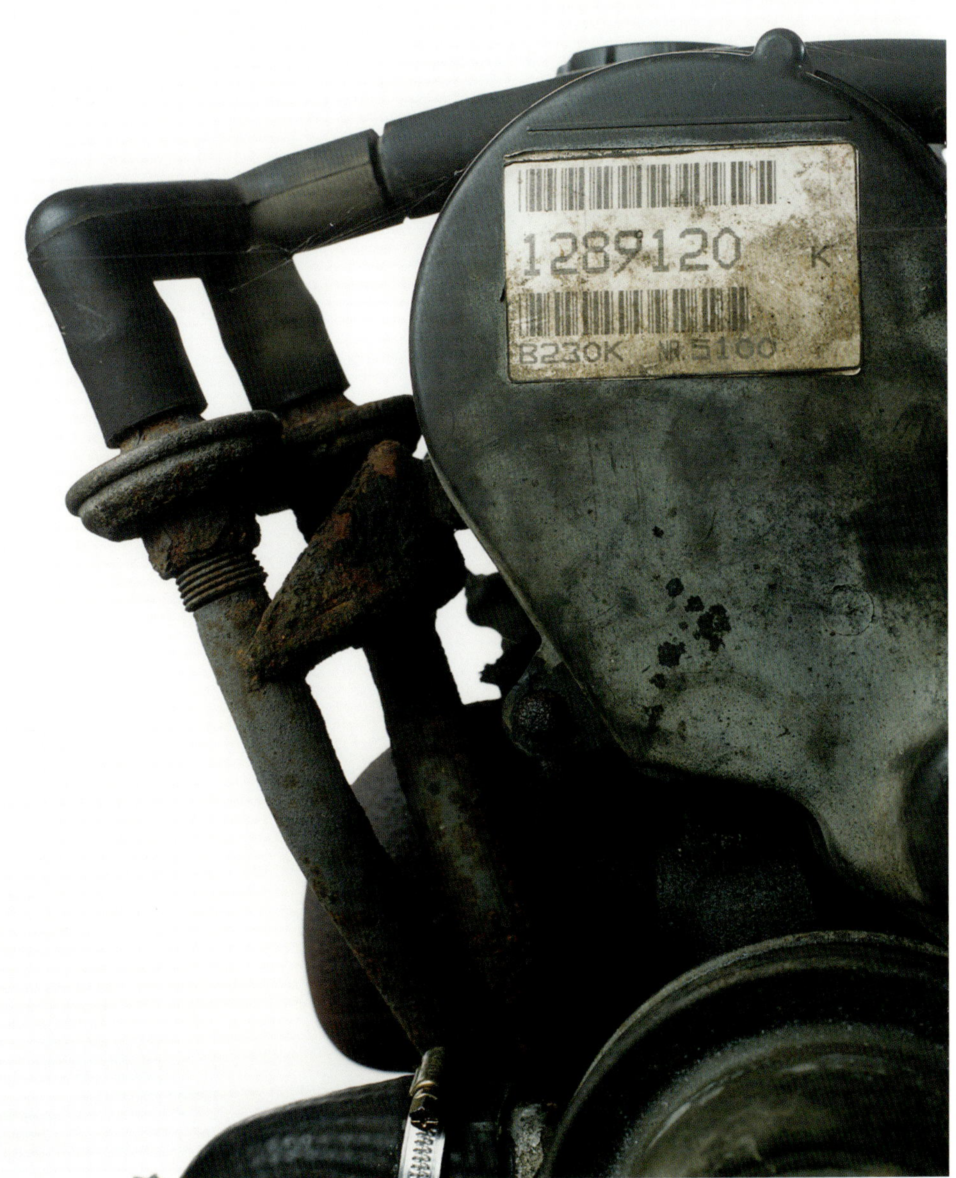
1289120   K
B230K   NR 5100

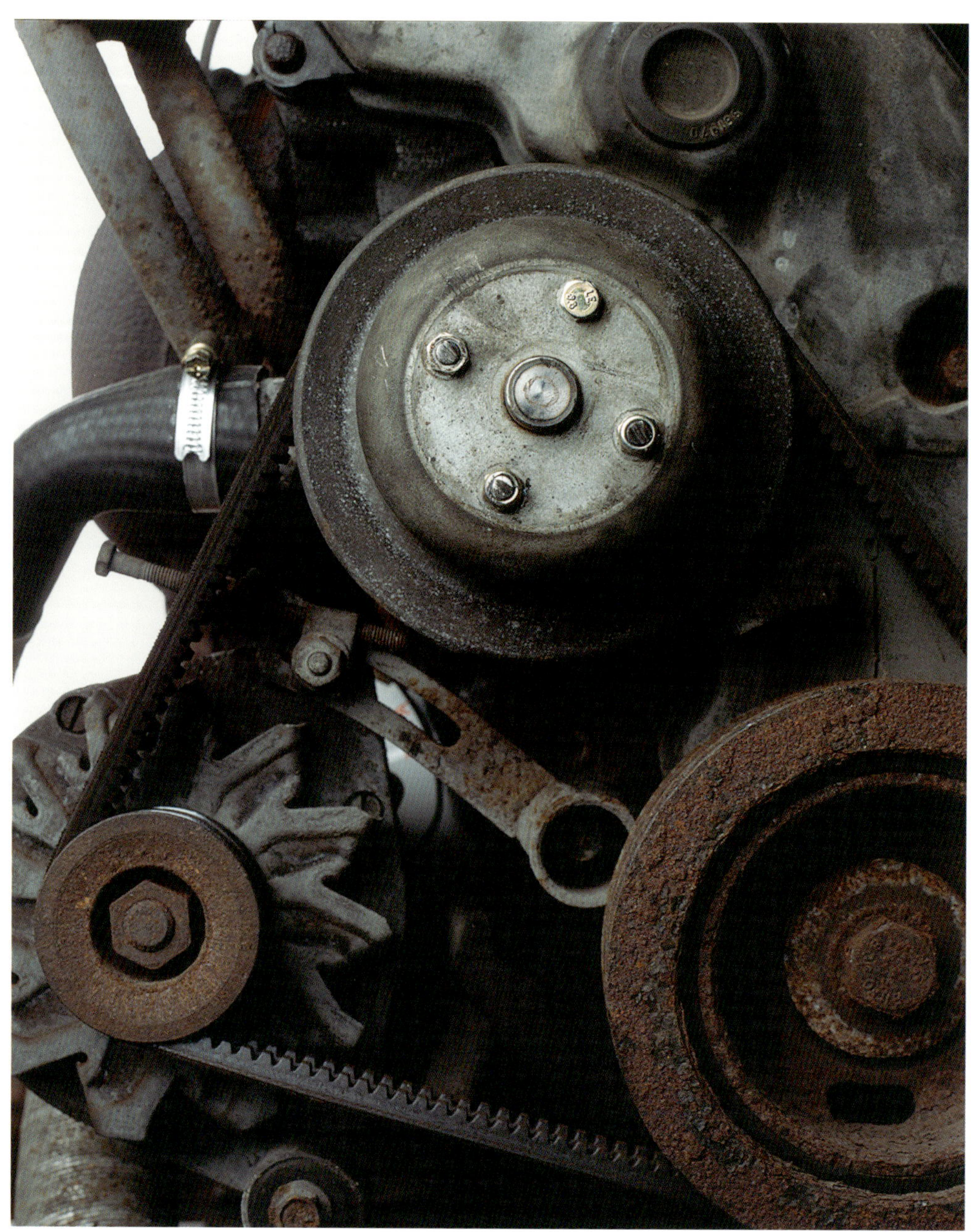

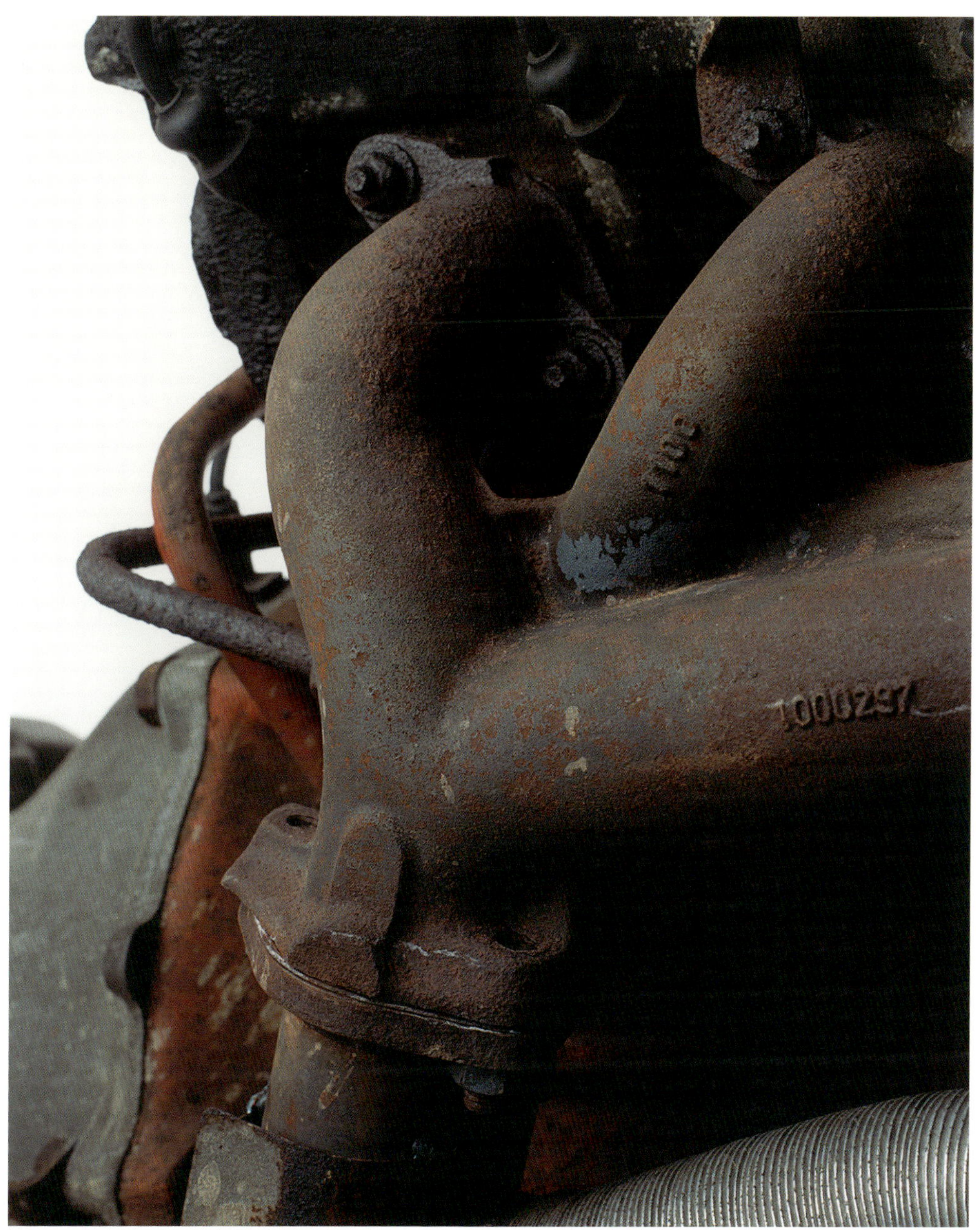

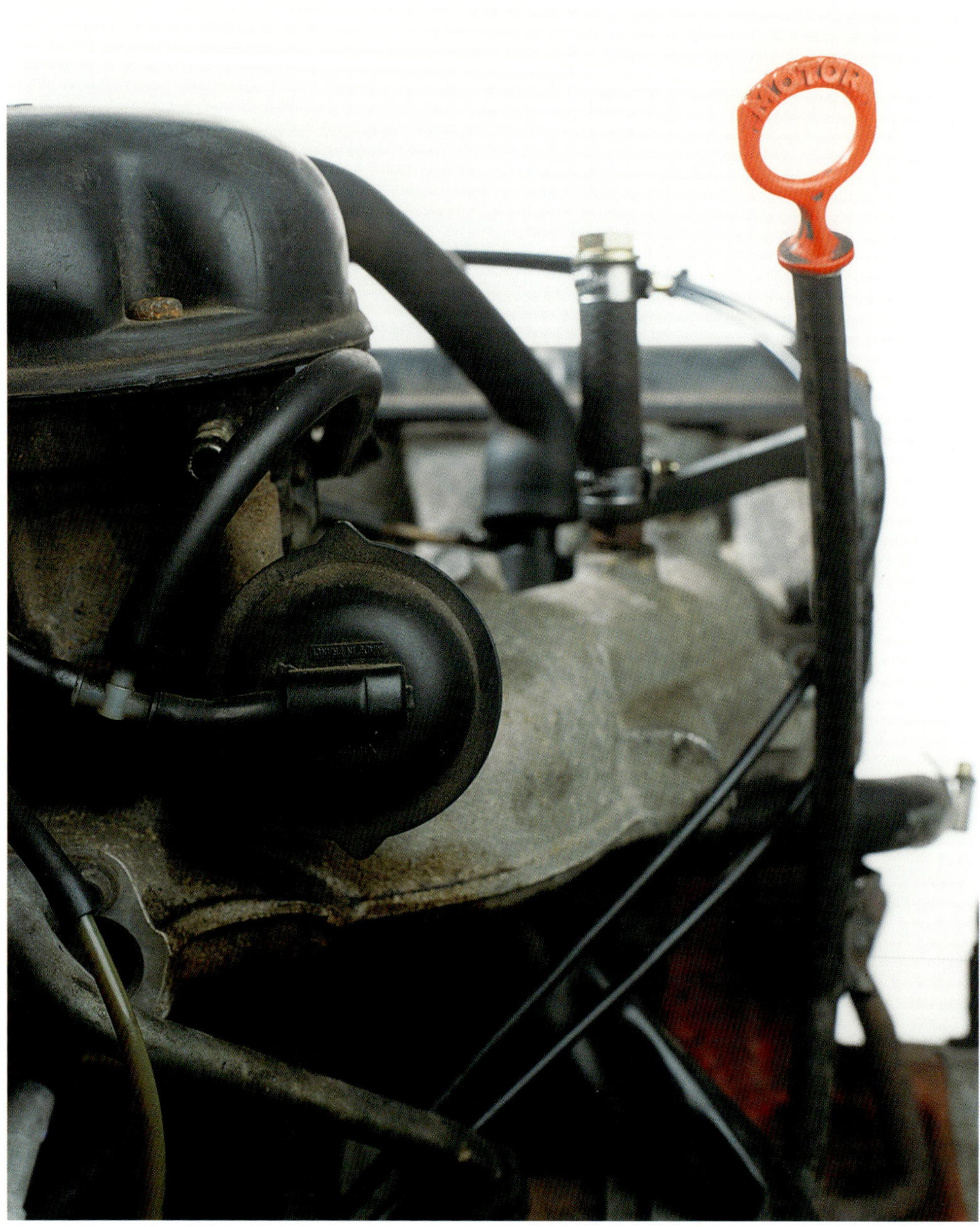
MOTOR

DREI ARBEITEN IN BERLIN

Julian Heynen

THREE WORKS IN BERLIN

Manche Kunstwerke sind kaum ohne die Geschichten ihrer Entstehung zu haben. Die Legenden nisten sich in die Betrachtung ein und durchdringen das Reden und Schreiben über sie. Wo aber kommen diese Geschichten her, wer erzählt sie? Und welche ist die richtige? Nicht erst seit dem 20. Jahrhundert sorgt mancher Künstler selbst dafür, dass sie in Umlauf geraten, sei es, um ein bestimmtes Bild von sich und seiner Kreativität zu zeichnen oder um sich andere, lästige und sowieso nicht zu beantwortende Fragen vom Leibe zu halten. Im Gefolge des modernen Künstlers sind es die Zeitzeugen und Historiker, die an solchen Geschichten feilen, weil sich das Werk scheinbar leicht auf den Nenner der Biografie bringen lässt. Das geht hin bis zum x-beliebigen Kunstmagazin von heute: Wenn es menschelt oder wenn es nur mysteriös genug ist, ist es vermarktbar. Kursieren solche Storys über einen längeren Zeitraum, bleibt es nicht aus, dass sie sich vermehren, dass sie andere Formen und Bedeutungen annehmen. So wie es die gibt, die nach diesen Geschichten lechzen, gibt es auch die, die ihnen misstrauen. Nennen wir sie Puristen oder solche, die alles Literarische aus dem Raum zwischen sich und dem Bild verbannen, die allein dem forschenden, vergleichenden Auge vertrauen möchten. Deren Unbehagen steigert sich, wenn der Künstler selbst die Hinweise gibt, ja, sie womöglich als Text dem Kunstwerk im wahrsten Sinne des Wortes zur Seite stellt. Ein modernistischer Standpunkt, so klar wie zählebig.

Bei Simon Starling kommt man mit solch einem Purismus nicht weiter (aber auch der biografische Kurzschluss stellt sich nicht wirklich ein). Es ist bezeichnend, dass mancher nicht mehr weiß, ob es eine Geschichte oder eine Installation des Künstlers war, auf die er als Erste stieß.

Some works of art can scarcely be separated from the story of their making. Legends infiltrate their contemplation and permeate what is said and written about them. But where do these stories come from, who's telling them? And which stories are true? In fact, even before the twentieth century, artists have been known to start these stories themselves, be it to convey a particular image of themselves and their creativity, or to keep other tedious – and in any case unanswerable – questions at bay. Hard on the heels of the modern artist, it's the eyewitnesses and historians who hone these tales, because it seems easy enough to make the connection between the work and the artist's biography. They fill the pages of today's art magazines; as long as there's enough human interest or mystery, it'll sell. And if these stories circulate for any length of time, inevitably they multiply, acquiring new forms and meanings in the process. But just as there are those who thirst for these stories, there are others who mistrust them – purists, you might say, or at least the kind who banish all things literary from the space between themselves and the image, who only want to trust their own scrutinizing, comparing eye. And their sense of unease only increases if it is actually the artist who is providing the information, possibly even in the form of a text right next to the work. A modernist standpoint, as clear as it is tenacious.

In Simon Starling's case that kind of purism will not get you very far (not that there is even much of a biographical short-cut in his case). It's significant that some people no longer know whether it was a story or an installation of his they first came across. The better one gets to know his art, the more inextricably the stories and works become intertwined as a single continuum. And the same question comes up time and again:

Je mehr Arbeiten man kennenlernt, umso stärker verwandelt sich beides in ein kaum mehr aufzulösendes Kontinuum. Dennoch meldet sich die Frage immer wieder einmal: Wer erzählt die Story? Auf den ersten Blick ist das ziemlich einfach: Der Künstler ist der Autor der Wandtexte, die er seinen Installationen im Rahmen ihrer Präsentation beigibt. Mit diesen auf das Wesentliche reduzierten Aussagen zu den Koordinaten, die ein Projekt bestimmt haben, versucht er, die Distanz zu überbrücken, die normalerweise zwischen einer künstlerischen Arbeit und ihrer Vermittlung durch die Institution existiert. Die Texte sollen als integraler Bestandteil der Arbeit wahrgenommen werden, ebenso wie übrigens auch die Kataloge oder Künstlerbücher, die zu den einzelnen Projekten entstehen. Das ist jedoch nur der Anfang, der Punkt, an dem der Künstler eine gewisse Kontrolle über die Geschichte ausüben kann. Diese eine Geschichte zieht Kreise.

Starling erwähnt in diesem Zusammenhang einen Text von Jorge Luis Borges.* In ihm wird der Verlust einer eindeutig zuzuordnenden Autorschaft als etwas Positives begrüßt. Es ist davon die Rede, dass manche Texte gerade deshalb gut seien, weil sie nicht mehr zu irgendeinem Individuum, sondern zur Sprache selbst, zu dem, was man Tradition nennt, gehören. Früher hat Starling einmal seine Arbeit mit der eines Romanschriftstellers verglichen. Heute erscheint ihm der Vergleich mit der alten Kunst des Geschichtenerzählens besser, denn auch bei seinen eigenen Arbeiten gibt es das Hörensagen als Form der Verständigung über ihren Inhalt. Natürlich wird die ursprünglich von ihm selbst in die Welt gesetzte Story dabei gekürzt (oder auch verlängert), umgebogen und verändert. Erstaunlicherweise aber scheint der Kern der Geschichte erhalten zu bleiben. Ein gutes Beispiel ist *Infestation Piece (Musselled Moore)* von 2006–2008, bei der zwei

Who's telling the story? At first sight it may seem rather simple. The artist is the author of the wall texts that he includes in presentations of his installations. With these commentaries, reduced to no more than the salient points in a project's development, Starling is seeking to bridge the gap that normally separates the artistic work and its mediation by the institution. These texts are to be seen as an integral part of the work, as are the catalogues or artist's books that accompany individual projects. But that is only the beginning, the point where the artist still has a certain degree of control over the story. For the story will make waves. In this connection, Starling cites a text by Jorge Luis Borges.* In it, the loss of unequivocally attributable authorship is welcomed as a positive development. Moreover, certain texts are deemed good precisely because they no longer belong to some individual but to language itself, to what we call tradition. Starling did once compare his work to that of a

novelist. Nowadays he prefers the comparison with the ancient art of storytelling, because hearsay also has a part to play in people's understanding of the contents of his works. Of course, in the process the story he first sent out into the world may well be shortened (or lengthened), contorted and changed. Astonishingly, however, the core of these stories seems to remain intact. Take *Infestation Piece (Musselled Moore)*, of 2006–08, for instance, where two narrative strands come together in a single sculpture. Even the announcement that this steel replica of a Henry Moore sculpture was to be submerged for a time in Lake Ontario prompted various individuals to respond with their own ideas and narratives. Once it was put on public display, it became a magnet for anecdotes. They cling to it like the zebra mussels from Lake Ontario on the replica, and extend it beyond itself. Thus the work evolves a life of its own – exactly as Borges said – and in so doing it partly escapes its maker.

Erzählstränge in einer Skulptur zusammengefügt wurden. Schon die Ankündigung, die Stahl-Replik einer Henry-Moore-Plastik eine Zeit lang im Ontario-See zu versenken, hatte unterschiedliche Leute dazu gebracht, mit ihren Ideen und Erzählungen darauf zu reagieren. Einmal veröffentlicht, wurde die Arbeit zu einem Magneten für Geschichten. Sie haften an ihr wie die Zebra-Muscheln im Ontario-See an der Skulptur und erweitern sie. Die Arbeit entwickelt so ihr eigenes Leben – ganz wie Borges meint – und sie geht ihrem Urheber bis zu einem gewissen Grad verloren.

Wenn so Objekte zu Chiffren für Geschichten werden, und andersherum das Geschichtenerzählen Objekte hervorbringt, muss beides, so wenig vergleichbar die Formen sind, ein ähnliches Gewicht haben. Es muss darum gehen, die gegenständliche Präsenz der Arbeiten so stark zu machen, dass sie eine Anziehungskraft entwickeln, die die Geschichten in der Umlaufbahn hält – und nicht von ihnen völlig überwuchert werden und sich so in reines Hörensagen auflösen. Ein italienischer Kollege sprach von dem delikaten Gleichgewicht auf einer Linie zwischen Dasein und Interpretation, zwischen Authentizität und Neuerfindung. Anders gesagt, sind Objekt und Story, Geschichte und Erfindung, Dokument und Fiktion nur Durchgangsstadien dessen, was man früher einmal Werk genannt hat, immer wieder neu miteinander verknüpfbar und prinzipiell kaum begrenzt.

WURMLÖCHER

Simon Starling berichtet von einem Besuch bei einem gewissen Bernie Skuse, der eine bestimmte Art von Zauberei oder, wie er sagt, „technicoloured magic" praktiziert. Er behauptet, sich mithilfe eines Stuhls und eines Steckens

If objects can thus become ciphers for stories and, vice versa, if storytelling can produce objects, then – for all their difference – these two phenomena must be of a similar weight. The aim surely has to be to imbue the works with such a strong presence as objects that they develop a gravitational pull that will keep the stories in a steady orbit – rather than becoming smothered by them until all that is left is hearsay. An Italian colleague has talked of the delicate balance between existence and interpretation, authenticity and invention. In other words, object and story, fact and fiction, document and fabrication are merely transitional stages in what used to be called the work, endlessly reconnectable and, in principle, all but unlimited.

WORMHOLES

Simon Starling tells of a visit to a certain Bernie Skuse, who does a kind of conjuring that he calls 'technicoloured magic'. Skuse claims that with only a chair and a stick made from knotted vine stems – which he uses as vehicle and compass – he can transport himself to another place, even some considerable distance away. Why is it still worth citing a story like that, a story that goes back to when the artist was just twenty-one? The answer may be in two more of his anecdotes.** The first concerns an exhibition on the subject of speed and specifically the juxtaposition of Joseph Beuys's *Schlitten* (Sled, 1969) and a fibreglass rocking chair by Charles and Ray Eames (*RAR*, 1948–50). It seemed to Starling that these two objects – travelling in opposite directions into the past and the future – had collided in a space-time wormhole. The second anecdote concerns Chris Marker's film *La Jetée* (1962), about a man who tries to escape time. What can be seen in an exhibition as a state of suspension, a poetic conjunction with no claims to unambiguity, progresses in the moving pictures of a film towards

20

aus verknoteten Weinstöcken, die er als Gefährt und Kompass benutzt, auch über große Distanzen hinweg an einen anderen Ort versetzen zu können. Warum ist eine solche Geschichte, der der Künstler als Einundzwanzigjähriger begegnete, heute noch erwähnenswert? Eine mögliche Antwort liefern zwei weitere Bemerkungen von ihm.** Die eine beschreibt eine Ausstellung zum Thema Geschwindigkeit und fokussiert das Nebeneinander eines *Schlitten* (1969) von Joseph Beuys und eines Schaukelstuhls aus Fiberglas von Charles und Ray Eames (*RAR*, 1948–1950). Starling kommt es so vor, als ob diese beiden Objekte auf ihren entgegengesetzten Reisen in die Vergangenheit und in die Zukunft in einem Wurmloch der Raumzeit miteinander zusammengestoßen seien. Die zweite Bemerkung handelt von Chris Markers Film *La Jetée* (1962), von dieser Geschichte eines Mannes, der versucht, der Zeit zu entfliehen. Was in einer Ausstellung als Schwebezustand erscheint, als poetische Konjunktion, die keinen Anspruch auf Eindeutigkeit erhebt, läuft in den Bildern eines Films auf einen irgendwie tragischen Punkt, auf ein Scheitern hinaus. Marker selbst spricht davon, dass der Tausch und die Überkreuzung der Zeiten die einzige Hoffnung in der prekären Situation dieser Filmgeschichte seien. Die Suche gilt einem Schlupfloch in der Zeit. Auch für Starling sind die Objekte und Installationen, die er macht, solche Schlupflöcher oder Durchstiegsstellen, mit deren Hilfe man die starre Ordnung der Zeit, aber auch die der Disziplinen, Metiers und Perspektiven überwinden kann.

RICHTIGER KAKTUS AM FALSCHEN ORT

Wie bei anderen Arbeiten, so gibt es auch bei *Kakteenhaus* (2002) ein Beschreibungsproblem. Es besteht darin, dass man nicht weiß, wo man anfangen soll. Die Funktionsweise des Apparates ist einigermaßen leicht erklärt: Die Abwärme

some tragic point, to failure. Marker has himself talked of the fact that in the precarious situation of this film narrative, the only hope would be for an exchange and crossover of different times. The search is for a tunnel through time. For Starling, too, the objects and installations he makes are just such tunnels or conduits that he can use to break free of the rigid order of time and of disciplines, professions and perspectives.

RIGHT CACTUS – WRONG PLACE

Kakteenhaus (Cactus House, 2002) is as hard to describe as all of Starling's other works. The trouble is that it is difficult to know where to begin. The way the apparatus functions is relatively easily explained: an idling car engine on a low stand in the exhibition space releases enough heat into the room – via an extended system of ducts – for a relatively large cactus to survive the Berlin winter. The procedure is a little unusual given that the idea is merely to create a suitable climate for the plant. Nevertheless, once it has been understood, this set-up, like any technology, is self-explanatory by virtue of its appearance and function. But of course it's not that simple, because at first sight it seems we have to be dealing with an absurdist-artistic arrangement. Should one start with the cactus, which seems to be the reason for going to such lengths? Maybe one should start with the conditions it would naturally thrive in and its specific ability to adapt to dry, hot climates? Or with the story of how Columbus brought cacti from the New World to the Old, which subsequently led to ever better greenhouses being developed for these exotic plants? Or with that desert in Andalusia where the cactus now in Berlin was dug out over six years ago, where spaghetti westerns were shot in the 1960s (with appropriate sets), where there is now a research institute for solar energy and exotic fruits are grown in agribusinesses that

eines im Ausstellungsraum aufgebockten, laufenden Automotors liefert über ein langes Rohrsystem die notwendige Temperatur, damit ein größerer Kaktus im Berliner Winter überleben kann. Das ist zwar ein etwas ungewöhnliches Verfahren, wenn es nur darum gehen sollte, der Pflanze ein angemessenes Klima zu geben, aber einmal verstanden, erklärt sich die Anordnung wie jede Technik durch sich selbst und ihren Zweck. Aber so einfach ist es selbstverständlich nicht, denn auf den ersten Blick haben wir es mit einem absurd-kunstvollen Arrangement zu tun. Soll man mit dem Kaktus beginnen, um dessen willen anscheinend der ganze Aufwand betrieben wird? Etwa mit seinen natürlichen Lebensbedingungen und seiner spezifischen Adaptionsfähigkeit an heiße, trockene Klimata? Oder mit der Geschichte, wie Kakteen durch Kolumbus aus der Neuen Welt in die Alte gebracht worden sind und in der Folge immer bessere Gewächshäuser für diese exotischen Pflanzen ent

wickelt wurden? Oder mit jener Wüstenregion in Andalusien, in der der Kaktus, der jetzt in Berlin steht, vor mehr als sechs Jahren ausgegraben wurde, ein Ort, an dem in den 1960er Jahren sogenannte Spaghetti-Western mit entsprechender Kulisse gedreht wurden, an dem sich aber auch ein Forschungsinstitut für Solarenergie und ein rapide gewachsenes agrarindustrielles Zentrum für exotische Früchte befindet? Oder mit der Geschichte und Funktionsweise des Verbrennungsmotors? Oder soll man erst einmal bei der Kunst selbst bleiben und mit jenen Ausstellungen anderer Künstler am Ort der ursprünglichen Präsentation von Starlings Arbeit, dem Portikus in Frankfurt am Main, oder auch anderswo beginnen, zu denen sich thematische oder sonstige Verbindungen ziehen lassen? All das sind nur kleine Auszüge aus einem Konvolut von parallelen und sich kreuzenden Fakten, Hinweisen, Beobachtungen, die der Künstler selbst zusammengestellt hat und die sich womöglich noch

have sprung up in recent years? Or with the history and functioning of the combustion engine? Or should one start by focusing on the art and on exhibitions by other artists who have exhibited in the place where this work by Starling was first shown, namely Portikus in Frankfurt/Main, or should one start somewhere else entirely, suggested by thematic links or other kinds of connections? These are just a small selection from the bundle of parallel and intersecting facts, details and observations that the artist himself has alluded to, and that could in all likelihood be extended yet further. Even putting these references into some kind of chronological order is not all that helpful. It only shows that at any time one could latch onto any moment in this story (these stories) and travel up and down the time axis. The physically present parts of the work (that's to say, the cactus, the motor, the ducting and the car outside the door, as precisely positioned as they are carefully calculated with regard to their

function and possible associations) define the place where all these connections meet. But even then they do not amount to a coherent story or even some form of evidence. What we see before us and what we read and hear are fragments, and the threads that can be spun from one to the next are extremely fine. Suggestions for trails that could be worth following, rather than binding route maps.

Let us linger for a moment with the items in the space. Firstly there is the sound of the gently idling petrol engine – the verb says it all, lazing the time away. When an engine is just turning over, it is far from efficient and still needs energy. But in this instance it is useful for its by-product. Exposed, old and a little helpless looking, the engine nevertheless sits on its stand and does its job. However, the system that it is connected to has been strangely elongated. The pipes and tubing for fuel, exhaust, water cooling and electrics – bundled

ergänzen ließen. Die Verweise in eine chronologische Ordnung zu bringen, hilft nicht viel. Sie macht nur deutlich, dass man jederzeit an jedem Zeitpunkt in diese Geschichte(n) einsteigen und die Zeitachse herauf und herunter reisen kann. Die physisch manifesten Teile der Arbeit (also der Kaktus, der Motor, die Rohrleitungen und das Auto vor der Tür, in ihrer räumlichen Anordnung sowohl funktional wie assoziativ genau berechnet) sind der Ort, an dem all diese Bezüge zusammenlaufen. Aber sie tun es nicht im Sinne einer schlüssigen Geschichte oder gar eines Beweises. Was wir vor uns sehen und was wir lesen oder hören, sind Fragmente, und die Fäden, die von einem zum anderen gesponnen werden können, sind hauchdünn. Vorschläge für Fährten, die es lohnt zu verfolgen, keine verbindlichen Zielvorgaben.

Bleiben wir einen Moment bei den Gegenständen im Raum. Da ist zuerst einmal das Geräusch des mit geringer Drehzahl vor sich hin laufenden Benzinmotors. Das schöne Wort im Englischen spricht von faulenzen, *to idle*. Wenn eine Maschine leer dreht, ist sie nicht effizient, verbraucht aber dennoch Energie. Hier macht sie sich jedoch durch ein Nebenprodukt nützlich. Bloßgestellt, alt und ein wenig hilflos wirkt der aufgebockte Motor, aber er tut seinen Dienst. Das System, zu dem er gehört, ist jedoch seltsam in die Länge gezogen. Die Leitungen für Benzin, Auspuffgase, Wasserkühlung und Elektrizität durchmessen, gebündelt und sicher befestigt, auf einem abgewinkelten Weg den Raum, bevor sie am anderen Ende der Halle in der Wand nach draußen verschwinden. Das hat etwas von einfacher, ein wenig improvisierter, aber brauchbarer Mechanik, ja, so sah Technik im Industriezeitalter aus. Die Rohre aus Stahl und Kupfer zeigen, dass in ihnen Flüssigkeiten und Gase strömen, und spätestens das übergroße, die Temperatur gleichsam symbolisch feiernde Thermometer

and secured – snake through the room before disappearing some way away in the outside wall. This arrangement has the air of a simple, slightly makeshift yet perfectly serviceable mechanism, yes, that's what technology was like in the industrial age. The steel and copper pipes obviously have liquids and gases flowing through them and the oversized thermometer – in symbolic celebration of the temperature – shows, if it wasn't already clear, that heat is being produced here. Heat for the single cactus standing in the room, penned in by pipes and tubes. Its botanical name is *Cereus*: a candle or taper. All alone, it seems out of place. What an absurd effort for this one plant. While multitudes of plants being cultivated in greenhouses create the impression of an alien but natural biotope, the situation here gets back to the core of the process. The natural object can only inhabit this alien place at the price of an artificial climate. Starling's work demonstrates this by means of an almost poetic model, or diagram.

At the point where the ducting disappears into the wall, the story of these items is interrupted. It is a fitting moment. The wall of the Kunsthalle seems to conceal the next stage in the system, but in reality it is more like a membrane between fragmentary objects and stories. A new chapter starts outside. Walk round the building and you will find a parked car. The connection with the system inside the gallery is immediately apparent. The engine is supplied with fuel from here, the ignition is here, the cooling system runs through here, the exhaust is expelled into the air here. At the same time, however, a new element comes into play: journeys through space and time. The Volvo parked here was used to transport the cactus to Germany from the Tabernas Desert in Andalusia. The car not only connects the plant's natural and artificial habitats, the route it has travelled is also the fine line that links the material components of the work with the facts of the Spanish terrain: the film studios

zeigt an, dass hier Wärme produziert wird. Wärme für den Kaktus, der einsam, aber auch eingehegt von den Leitungen im Raum steht. *Cereus* ist sein botanischer Name, die Fackel. In seiner Isolation wirkt er fehl am Platz. Was für ein absurder Aufwand für diese eine Pflanze. Wenn in den Gewächshäusern die Fülle der Pflanzen ein fremdes, aber natürliches Biotop vorspiegelt, führt diese Versuchsanordnung auf den Kern der Transaktion zurück. Das Naturobjekt kann den ihm fremden Ort nur im Tausch gegen ein künstliches Klima bewohnen. Die Arbeit von Starling zeigt dies als nahezu poetisches Modell oder Diagramm.

Dort, wo die Rohrleitungen in der Wand verschwinden, wird die Erzählung der Gegenstände unterbrochen. Es ist ein passender Moment. Die Wand der Kunsthalle scheint die Fortführung des Systems zu verbergen, in Wirklichkeit ist sie jedoch so etwas wie eine Membran zwischen den fragmentarischen Gegenständen und Geschichten. Draußen beginnt ein neues Kapitel. Wenn man um das Gebäude herum geht, sieht man ein dort abgestelltes Auto. Schnell begreift man seine Verbindung zum System im Innern. Von hier wird die Apparatur mit Treibstoff versorgt, hier wird sie gestartet, hier schließt sich der Kühlkreislauf, hier werden die Abgase in die Luft geblasen. Gleichzeitig aber kommt etwas Neues ins Spiel: Transport durch Raum und Zeit. Mit dem Volvo, der hier zum Stillstand gekommen ist, wurde der Kaktus aus der Tabernas-Wüste in Andalusien nach Deutschland geschafft. Das Auto verbindet nicht nur das natürliche mit dem künstlichen Habitat der Pflanze, die Strecke, die es zurückgelegt hat, ist ebenso die feine Linie, die die materiellen Bestandteile der Arbeit mit jenen Informationen aus Spanien verbindet: den ehemaligen Filmstudios für Italowestern, dem Solarforschungszentrum, den Obstplantagen … Und als Fahrzeug ist es nicht nur Binde-

24

once used for italo-westerns, the solar research centre, the fruit plantations. . . . And as well as making connections, as a vehicle it also opens up yet more associative strands, leading to Sweden, for instance, where it was constructed in what was, at the time, an innovative manufacturing plant with superior working conditions. From here, one could proceed to the positive image of Volvo that once in a sense embodied a clearer conscience in an increasingly ecologically-aware society. Which leads us right back to the contradictory nature of cactus houses, where burning fossil fuels to create a climate suited to the ecology of exotic plants by definition damages the atmosphere. All the more so in this case, where an old – extremely inefficient – car engine is kept constantly running for the sake of a single cactus. Yet it makes little sense to reduce *Kakteenhaus* to no more than an ecological commentary. For one thing, it would be a cheap jibe and hardly original. For another, and this matters more, any such reduction would be at odds with Starling's works as a whole. For they are about open-ended stories, surprising turns and connections – not about making obvious points.

HOUSE OF PICTURES

The Volvo engine is still ticking over in the background, its surplus heat maintaining the temperature; the cactus is thriving. The visitor has deciphered the system, has registered the meaningful yet absurd coupling of machinery and plant (possibly a little surprised or incredulous), has read the explanations and has immersed him- or herself in a web of sights and thoughts. It's not so much that one's gaze and ideas revolve around what is on view here, it's more a matter of these items providing temporary anchors and turning points for one's deliberations. And one's focus readily switches from *Kakteenhaus* to *Plant Room* (2008). Here, once again: sources of energy,

glied, sondern öffnet selbst weitere Linien von Verweisen, zum Beispiel nach Schweden an den Ort seiner Herstellung, eine seinerzeit neuartige Produktionsanlage mit verbesserten Arbeitsbedingungen. Man könnte von hier aus weiter auf das positive Image von Volvo kommen, das einst so etwas wie das bessere Gewissen in einer ökologisch sich bewusster werdenden Gesellschaft darstellte. Womit wir auch wieder bei der Widersprüchlichkeit von Kakteenhäusern wären, in denen die Herstellung eines für die exotischen Pflanzen ökologisch angemessenen Klimas mit der Schädigung der Atmosphäre durch die Verbrennung fossiler Energie erkauft wird. Und das umso mehr hier, wo in völlig ineffizienter Weise ein alter Automotor um eines einzelnen Kaktus willen ständig in Betrieb ist. Es ist allerdings wenig sinnvoll, *Kakteenhaus* auf einen solchen ökologischen Kommentar zu reduzieren. Zum einen wäre er ziemlich wohlfeil und kaum originell. Zum anderen, und das zählt mehr, würde solch

eine Engführung der Konstruktion von Starlings Arbeiten zuwiderlaufen. Bei ihnen zählen die offenen Enden der Geschichten, die überraschenden Wendungen und Verbindungen, nicht die klaren Pointen.

BILDERHAUS

Der Volvo-Motor tuckert weiter im Hintergrund, seine Abwärme hält den Raum auf Temperatur, der Kaktus gedeiht. Der Besucher hat das System entziffert, die ebenso sinnvolle wie absurde Koppelung von Maschine und Pflanze (vielleicht ein wenig verwundert oder ungläubig) registriert, die Erläuterungen gelesen und ist in ein Geflecht von Blicken und Gedanken eingetaucht, die weniger um das kreisen, was er vor sich sieht, als dass die Gegenstände zu temporären Halte- und Umkehrpunkten seiner Überlegungen werden. Und leicht springt seine Aufmerksamkeit von *Kakteenhaus* über zu *Plant Room* (2008). Hier wie

machinery, peripheral ducting and an object in the centre that all these things seem to be servicing. Here, once again, no effort is spared, roundabout ways are devised just to make something visible. Whereas the cactus looked rather exposed and had to fight to make its mark in that setting, in *Plant Room* a simple but well made structure protects what is inside it. A clay chamber – archaic yet modern-looking – marks out a zone for more intense contemplation in the white cube of the Kunsthalle, triggering fleeting notions of some kind of a treasury. Surely there must be something precious in here, something that has to be guarded and protected? Even the arched shape of the small structure suggests concentration, if not oblivion. Inside, it is relatively dark and only large enough for a few people at a time. And yet the atmosphere is, if anything, calm, matter-of-fact. Here, in a second special, protective housing eight black-and-white photographs are on view in a flat display case. These are original

prints from the 1920s, and require special light and atmospheric conditions so that they may survive unscathed for as long as possible. What looks like an aesthetic mise-en-scène to enhance the presentation of small, precious pictures is, in the first instance, about preserving the sensitive material of these artefacts.

The inspiration for this work came from the conditions in a former industrial premises in the Austrian town of Dornbirn, which is now used as an art space. The virtual impossibility of controlling the atmospheric conditions in this space prompted Starling to pursue an idea that ultimately led to *Plant Room*. In his own way, he thus created the conditions for something that is actually not possible in that space – in this instance, the appropriate presentation of old photographs. 'In his own way' of course means that he didn't resort to the usual technology but took a more convoluted route and embarked

dort Energiequellen, Maschinen, Leitungssysteme in der Peripherie und ein Objekt, dem all das zu dienen scheint, im Zentrum. Auch hier wird ein großer Aufwand getrieben, Umwege werden eingeschlagen, um etwas zur Anschauung zu bringen. Wo der Kaktus wie bloßgestellt wirkt und sich in seiner Umgebung behaupten muss, schützt bei *Plant Room* ein einfaches, aber wohlgestaltetes Gehäuse das, was gezeigt werden soll. Ein ebenso archaisch wie modern wirkender Lehmbau sondert aus dem White Cube der Kunsthalle einen Bezirk erhöhter Aufmerksamkeit aus. Das Motiv der Schatzkammer blitzt auf, man darf Kostbares vermuten, das umhegt und geschützt werden muss. Schon die Bogenform des kleinen Gebäudes deutet auf Konzentration, wenn nicht gar Versenkung. Im Innern ist es relativ dunkel, nur wenige Menschen können sich hier gleichzeitig aufhalten. Dennoch herrscht eine eher nüchterne, sachliche Atmosphäre vor. Noch einmal ausgesondert und umfriedet befinden sich in einer Tischvitrine acht Schwarz-Weiß-Fotografien. Es sind Originalabzüge aus den 20er Jahren des 20. Jahrhunderts, die nach bestimmten Licht- und Klimaverhältnissen verlangen, um möglichst lange in unverändertem Zustand erhalten bleiben zu können. Das, was wie eine ästhetische Inszenierung für die Präsentation kleiner, kostbarer Bilder wirkt, ist also zuerst einmal der konservatorischen Rücksicht auf das empfindliche Material der Artefakte geschuldet.

Ausgangspunkt der Arbeit waren die Verhältnisse in einer ehemaligen Industriehalle im vorarlbergischen Dornbirn, die heute als Kunstraum genutzt wird. Das in diesem großen Raum kaum zu kontrollierende Klima setzte bei Starling jene Überlegungen in Gang, die schließlich zu *Plant Room* führten. Auf seine Weise schuf er die Bedingungen für das, was an diesem Ort eigentlich nicht möglich ist, nämlich die sachgerechte Prä-

on an experiment that was to make the work what it is. Clay, the traditional raw material used to make the chamber, naturally regulates the atmosphere. In order to maintain a constant temperature and humidity level, a water-filled heating system was installed. In Berlin, the inflow of fresh water comes from within the Kunsthalle. Various devices and countless pipes surround the chamber at ground level on three sides. The freely visible, contemporary technology of this system easily connects with the archaic technology of the clay-built structure. It almost looks as though the latter is being kept alive by the former; in fact the two systems complement each other, as it were cleverly short-circuiting the centuries. In a sense, this blend of different eras and civilizations also seems to extend into the future, when one discovers that the power driving the heating system is derived from a fuel cell, which uses hydrogen as fuel to turn chemical energy into electric energy. In certain situations, fuel cells can now be used instead of internal combustion engines. (Thus, in this exhibition it is as though just a few steps will take one along the road from one form of energy conversion to the next.)

As in many instances in Starling's space-time constructs, a small technological excursion leads away from the straight path to the pictures inside the clay chamber and connects and merges with a collage of items and information. The eight photographs mentioned earlier are presented in appropriate conditions whose creation – in a wonderful sleight of hand – involved the production of an almost auratic structure. The photographs are by Karl Blossfeldt (1865–1932), who taught 'Modelling after Plants' for the first three decades of the twentieth century at the school that was later to become the Berlin University of the Arts. However, he is better known for the plant photographs he took as teaching

sentation etwa von alten Fotografien. „Auf seine Weise" bedeutet, dass er nicht auf handelsübliche Technik zurückgriff, sondern einen Umweg ging, ein Experiment startete, und dieses wiederum die Arbeit ausmacht. Der traditionelle Werkstoff Lehm, aus dem die Kammer besteht, ist auf natürliche Weise klimaregulierend. Um Temperatur und Luftfeuchtigkeit konstant zu halten, ist zusätzlich eine mit Wasser als Leitungsmedium operierende Wärmeanlage installiert. Der Frischwasserzufluss erfolgt direkt aus der Kunsthalle. An drei Seiten umgeben verschiedene Apparate und zahlreiche Rohrleitungen den Fuß der Kammer. Die frei sichtbare zeitgenössische Technik dieser Anlage verbindet sich zwanglos mit der archaischen Technik des Lehmziegelbaus. Ein wenig sieht es so aus, als müsse dieser von jener am Leben erhalten werden; tatsächlich jedoch ergänzen sich beide Systeme in einer Art sinnvollem Kurzschluss über die Jahrhunderte hinweg. Dieser Verschnitt von Zeiten und Kulturen reicht

in gewisser Weise auch in die Zukunft, wenn man erfährt, dass die Energie für den Betrieb der Wärmeanlage aus einer Brennstoffzelle stammt. In ihr wird mit Wasserstoff als Brennstoff chemische Energie in elektrische Energie umgewandelt. Für bestimmte Anwendungsgebiete stellen Brennstoffzellen schon heute eine Alternative zu Verbrennungsmaschinen dar. (Mit ein paar Schritten kann man so in der Ausstellung sozusagen die Entwicklung von einer Form der Energieumwandlung zu einer anderen durchmessen.)

Wie an vielen Stellen der Raum-Zeit-Konstruktionen Starlings ist der kleine technische Exkurs vom geraden Weg zu den Bildern im Innern des Lehmbaus abgezweigt, um sich anzuschließen und einzugliedern in die Collage der Gegenstände und Informationen. Die acht Fotografien, von denen eben schon die Rede war, haben hier also ein ihnen gemäßes Klima, dessen Herstellung

aids and that became widely renowned as autonomous works of art after their publication in works such as *Urformen der Kunst* (Art Forms in Nature, 1928) during the era of New Objectivity. While these richly detailed yet highly stylized images of plants, to which he applied strict tectonic and ornamental criteria, had a primarily pragmatic meaning for Blossfeldt, his concurrent search for timeless examples of decorative and architectural forms in nature is also very evident. Significantly, this interest of his came to the fore at exactly the time when architecture and design were starting to draw away from the organic models that had served them for thousands of years. At this watershed in art history, Blossfeldt's photographs veer between a search for the most primal sources and a form of objectivisation motivated by function and technology. There seems to be a fine balance between a backwards gaze imbued with a sense of loss and the ability to transform a longing for the oneness

of nature and civilization into a contemporary aesthetic. In other words, this was one of those moments in Modernism when it subjected itself to a delaying critique, only to incorporate that same critique into its current project.

Starling displays Blossfeldt's photographs in a clay chamber that is itself part of the elaborately created conditions needed to ensure the continued existence of these pictures. Thus, it is almost as though he has created a laboratory situation where he can demonstrate the photographs' historic position and the connections between these witnesses to Modernism and his own time. *Plant Room* neither deconstructs the Modernism of Blossfeldt's pictures, nor does it expose them to unadulterated – that's to say, emphatically heightened – observation. Instead, the conglomeration of objects and stories – born of sympathy and skepticism – keeps the impulses of Modernism alive as though in an archive, or rather a

allerdings gleichzeitig – wie in einer wunderbaren Volte – einen Präsentationsraum mit beinahe auratischer Wirkung geschaffen hat. Es sind Bilder von Karl Blossfeldt (1865–1932), der in den ersten drei Jahrzehnten des 20. Jahrhunderts an einer Vorgängerin der Universität der Künste in Berlin das Fach „Modellieren nach Pflanzen" unterrichtete. Bekannt geworden ist er jedoch mit seinen Pflanzenfotografien, die ihm als Vorlagen für den Unterricht dienten und die ab den späten 1920er Jahren durch Publikationen wie *Urformen der Kunst* (1928) als autonome Bildwerke im Umfeld der Neuen Sachlichkeit zu großer Berühmtheit gelangten. Hatten die detailreichen, aber hochstilisierten, streng nach tektonischen und ornamentalen Kriterien ausgerichteten Pflanzenbilder für Blossfeldt eine primär pragmatische Bedeutung, so wird doch gleichzeitig seine Suche nach den überzeitlichen Modellen von Schmuck- und Architekturformen in der Natur deutlich. Dieses Interesse manifestiert sich bezeichnender-

weise gerade in jener Zeit, in der sich Architektur und Design von den Jahrtausende alten organischen Vorbildern abwenden. Blossfeldts Fotografien oszillieren an einer Zeitenwende zwischen Ursprungssuche und funktional beziehungsweise technisch motivierter Versachlichung. Ein rückwärts gewandter und von einem Gefühl des Verlustes bestimmter Blick und die Umwandlung einer Sehnsucht nach Einheit von Natur und Zivilisation in eine zeitgenössische Ästhetik scheinen sich die Waage zu halten. Anders gesagt, ist es einer jener Momente in der Moderne, in dem sie retardierend Kritik an sich selbst übt und diese gleichzeitig in ihr Projekt mit einspinnt.

Starling stellt die Fotografien Blossfeldts in einem Lehmbau zur Schau, der Teil der mit großem Aufwand geschaffenen Bedingungen ist, um die fortdauernde Präsenz der Bilder überhaupt zu ermöglichen. Er präpariert damit ihre historische Position und die Beziehungen dieser Zeugen des

repository, that we may have recourse to as long as we are fully aware of the inconsistent and contradictory nature of its contents. Seen in this light, the complex, fragile construction of these works, their apparent tendency to sprawl and the cyclical recall of certain moments protects them against all sorts of ideological attitudes, and not least against Modernism, too.

COORDINATES

It is as though the webs of stories and objects in these works crystallize in the cactus in one case and in the photographs in the other. However, in both cases these items serve not as focal points where everything comes together but rather as hubs that all the various fragments can dock onto. These material crystallization points are necessary for the finely tuned interconnections between individual elements to register with the viewer as visual art. In *Kakteenhaus* a piece of na-

ture serves as this (only ever temporary) meeting point; in *Plant Room*, it is a series of artefacts, or more precisely, a sequence of Modernist objects. More than this, these are also two coordinates in Starling's cosmos, marking out the force field where so many of his works operate. In one instance, the work is a mussel-encrusted replica of a Henry Moore sculpture; in another it is about using a felled tree to create, in situ, a copy of an item of arts-and-crafts furniture (*H.C./H.G.W.*, 1999). A balsa tree, imported from South America, provided the wood for a model aircraft that took to the air in Australia (*Le Jardin Suspendu*, 1998). In Bremen, there were the hens that laid the eggs that were cooked in a Wilhelm Wagenfeld egg coddler (*Burn Time*, 2000). The works in all these cases are of course much more complex than the bare facts suggest, but in their different ways they all involve configurations that are also importantly present in these two works in the Kunsthalle. Surprising relationships are created

Modernismus zu seiner eigenen Zeit in einer Art Laborsituation heraus. *Plant Room* dekonstruiert die Modernität von Blossfeldts Bildern nicht, noch gibt die Arbeit sie zur reinen, das heißt emphatisch gesteigerten Anschauung frei. Stattdessen hält die Bricolage aus Objekten und Geschichten in Sympathie und Skepsis zugleich die Impulse der Moderne wach wie in einem Archiv oder besser einem Lager, auf das zurückgegriffen werden kann, wenn man um die Uneinheitlichkeit und Widersprüchlichkeit seiner Elemente weiß. Die komplexe und fragile Konstruktion der Arbeiten, ihr scheinbares Ausufern und die zyklische Rückbindung an bestimmte Momente ist so gesehen ein Schutz gegen jegliche ideologische Haltung, nicht zuletzt auch gegenüber der Moderne.

KOORDINATEN

Der Kaktus im einen und die Fotografien im anderen Fall sind so etwas wie die Kristallisations-

punkte ihres jeweiligen Geflechts von Gegenständen und Geschichten. Es sind keine Punkte, auf die alles zuläuft, sondern Haltestellen im Raum, an denen die einzelnen Fragmente andocken können. Solche materiellen Kristallisationspunkte sind notwendig, um die fragilen Beziehungen der einzelnen Elemente untereinander als visuelle Kunst sinnfällig zu machen. Bei *Kakteenhaus* bildet ein Stück Natur diese (immer nur temporäre) Sammelstelle, bei *Plant Room* ist es eine Reihe von Artefakten, genauer Objekten der Moderne. Damit treffen wir auf zwei Koordinaten im Starling'schen Kosmos, in deren Spannungsfeld sich zahlreiche Arbeiten bewegen. Einmal sind es Muscheln, die sich an einer Henry-Moore-Replik festgesetzt haben, ein andermal kreist die Arbeit um den Nachbau eines Arts-and-Crafts-Möbels aus einem gefällten Baum vor Ort (*H.C./H.G.W.*, 1999). Aus Südamerika wird ein Balsabaum antransportiert, der das Holz für ein Modellflugzeug liefert, das in Australien zum

between natural objects or processes and relics of Modernism. These encounters often have the air of unexpected reunions between two spheres that had somehow lost each other with the passage of time. The realms in question are not presented by Starling as self-generating, self-contained, authentic entities but rather as friable evidence of much larger systems that are either infinitely complex or potentially contradictory. Without wishing to posit this as the focus of his work, his approach does seem to imply a basic presumption of a contradiction inherent to the relationship of nature and Modernism. But this skepticism is not absolute. As in all his work, the encounters and connections he creates are only temporary as he reshuffles the cards in these experimental configurations.

UNDER LIME

Schlossplatz, presently home to the Kunsthalle, is connected to the Brandenburg Gate to the west of it by one of Berlin's most famous, historically significant avenues. Looking back along the axis of the avenue from the west, its one-and-a-half kilometres lead directly to the brightly coloured, rectilinear Kunsthalle. Although Prussian and German history positively abounds in the buildings, the monuments and memories in this area, from the Museumsinsel, the Zeughaus, Humboldt University, the Neue Wache and Bebelplatz – where the National Socialists staged their book burning – to the Staatsoper, the Russian Embassy and Pariser Platz, where Max Liebermann lived, this leafy avenue has always retained its idyllic name: Unter den Linden (Under Lime Trees). Laid out in the mid-seventeenth century following the ravages of the Thirty Years War, this hunting and riding path lined with lime

Fliegen gebracht wird (*Le Jardin Suspendu*, 1998). In Bremen sind es Hühner, die die Eier legen, die in einem Eierkocher von Wilhelm Wagenfeld zubereitet werden (*Burn Time*, 2000). In allen Fällen sind die Arbeiten natürlich weit komplexer, als hier angedeutet, aber in jeweils anderer Weise schält sich in ihnen eine Konstellation heraus, die auch für die beiden Arbeiten in der Kunsthalle wichtig ist. Natürliche Gegenstände oder Prozesse werden in überraschende Beziehungen zu Relikten der Moderne gebracht. Die so inszenierten Begegnungen wirken häufig wie ein unvermutetes Treffen zweier Sphären, die sich irgendwann in ihrer Geschichte gegenseitig abhanden gekommen sind. Beide Bereiche werden von Starling nicht als voraussetzungslose, in sich geschlossene und authentische Einheiten ins Feld geführt, sondern als fragile Zeugen weit größerer Systeme, die entweder unendlich komplex oder potenziell widersprüchlich sind. Ohne dies zum Thema seiner Arbeit zu machen,

scheint eine Grundannahme zum Verhältnis von Natur und Moderne in ihrer Widersprüchlichkeit zu bestehen. Diese Skepsis ist allerdings nicht absolut. Wie in seiner gesamten Arbeit stellt er nur die temporären Begegnungen und Verknüpfungen her und mischt so in der Form von Experimenten die Karten neu.

UNDER LIME

Der Schlossplatz, auf dem die Kunsthalle eine Zeit lang stehen wird, ist mit dem Brandenburger Tor im Westen durch die bekannteste und historisch bedeutsamste Allee Berlins verbunden. Vom Westen aus gesehen, läuft die eineinhalb Kilometer lange Achse direkt auf den farbigen Gebäudeblock der Kunsthalle zu. Obwohl sich hier von der Museumsinsel und dem Zeughaus über die Humboldt-Universität, die Neue Wache, den Platz der nationalsozialistischen Bücherverbrennung, vorbei an Staatsoper und Russischer

trees connected the castle and the town centre with the hunting grounds at the Tiergarten in the west. Before the 'Linden', as it is known, became the representative, highly symbolic boulevard that evolved during the different regimes that shaped German history, it linked what could be described as two complementary spheres of civilization – culture and power at one end, nature at the other.

Shortly before the exhibition opens, Simon Starling will take a device known the world over in this day and age – a chainsaw driven by an internal combustion engine – cut a branch off one of the lime trees and bring it into the Kunsthalle. Emulating the improvisation skills of those who cannot afford a dedicated tool for every last task, and yet who get almost as far simply by reconfiguring what they have, he will then adapt the chainsaw to a new use. He will replace the chain with a rope hanging from a pulley fixed to the ceil-

ing; next, he will hang in a harness attached to the machine and start the motor. This will then raise him up to ceiling height, where he will attach the bare, wintry branch, like some growth, to the roof beams. In an absurdly perverse dual action, the clattering, stinking saw will serve to remove a piece of (cultivated) nature outside only to 'graft' it to the interior of a cultural art space. As in *Kakteenhaus* and other works, once again it is a combustion engine – much maligned by ecologists – that powers the elaborate and in a sense nonsensical transportation of a natural object. For the duration of the exhibition, a piece of lime tree will thus hang nine metres above it like some kind of an emblem, establishing a connection with the streets, the history and the stories outside the gallery.

Under Lime, the title of this work, sets the scene for this exhibition. But there is also a degree of ambiguity here, for 'lime' could also, misleadingly,

Botschaft bis hin zum Pariser Platz, an dem Max Liebermann lebte, preußische und deutsche Geschichte in Gebäuden, Denkmälern und Erinnerungen regelrecht ballt, hat die Straße immer ihren idyllischen Namen behalten: Unter den Linden. Mitte des 17. Jahrhunderts, nach den Verwüstungen des Dreißigjährigen Krieges, als Jagd- und Reitweg angelegt, verband die mit Lindenbäumen gesäumte Allee das Schloss und damit die Mitte der Stadt mit dem Jagdrevier des Tiergartens im Westen. Bevor die Linden, wie sie abgekürzt heißen, der repräsentative, symbolisch aufgeladene Boulevard wurden, zu dem ihn die verschiedenen Herrschaftsformen in der deutschen Geschichte gemacht haben, stellten sie also eine Art Verbindungslinie zwischen den komplementär gedachten Sphären von Zivilisation, Kultur und Macht auf der einen und Natur auf der anderen Seite dar.

Kurz vor dem Beginn der Ausstellung wird Simon Starling eine Allerweltsmaschine unserer Epoche, nämlich eine von einem Verbrennungsmotor angetriebene Kettensäge nehmen und einen Ast von einer der Linden absägen und in die Kunsthalle bringen. Ähnlich dem Improvisationstalent jener, die sich nicht für alles und jedes einen eigenen Apparat leisten können, sondern mit der freien Kombination des Vorhandenen fast genauso weit kommen, wird er dort die Motorsäge zweckentfremden. Er wird das Seilende eines Flaschenzugs, der von der Decke herabhängt, anstelle der Kette durch die Maschine führen, sich mit einem Klettergurt daran hängen, der an ihr befestigt ist, und sie starten. Der Motor trägt den Künstler dann empor bis unter das Dach, wo er den jetzt im Winter kahlen Ast wie einen Auswuchs an der Balkenkonstruktion anbringt. In einer absurd-perversen Doppelbewegung wird die knatternde und stinkende Säge dazu dienen, draußen ein Stück (domestizierter) Natur zu

be taken to mean the citrus fruit. Meanwhile, chalk, which could also be alluded to here, evokes more complicated associations. 'Under lime' might be a reference to soil that has been improved by adding lime, or to a burial where unslaked lime is used to neutralize the process of the corpse's decay. In the immediate vicinity of the exhibition are the eight groups of mythological figures placed on the Schlossbrücke in the mid-nineteenth century, representing the beauty of death on the battlefield. Or might 'under lime' be an allusion to the countless victims of the air raids and the fight for Berlin at the end of World War II? No doubt the implications are not intended so explicitly but, whatever the case, a dark shadow is cast over the idyllic place name.

It was not only in the past that numerous artists responded to this avenue and its lime trees with paintings, drawings and prints. Ten years ago, half way between Schlossplatz and the

Brandenburg Gate, Andreas Slominski – another inventor and creator of ingenious detours to simple destinations – devised a game of his own. He dug up a stump from a lime tree somewhere else entirely and 'planted' it in the middle of the beaten clay walkway so that it was just looking out of the ground (Baumstumpf [Tree Stump], 1998). This supposed 'tree desecration' – to use the medieval term now reactivated in the ecological debate – perplexed and disturbed those who noticed a stump in this strange place, and soon the authorities were called to the scene. Some years earlier, Lawrence Weiner had made a multiple consisting of a stamp plus ink pad in a box (*UNTER DEN LINDEN / UNDER LIME TREES*, 1994). While the stamp allows the Berlin street name to depart from its origins and make its way into all sorts of other situations, a black-and-white snapshot on the box shows the artist with his partner and daughter in the 1970s, about to cross exactly this avenue. Amongst other things,

entfernen, um es im Innern eines Kunsthauses der Kultur gleichsam aufzupfropfen. Wiederum ist es eine in die ökologische Kritik geratene Verbrennungsmaschine wie bei *Kakteenhaus* oder auch anderen Arbeiten, die einen umständlichen und in gewissem Sinne widersinnigen Transport eines natürlichen Gegenstandes möglich macht. Für die Dauer der Ausstellung wird so neun Meter hoch über dem Geschehen ein Stück Linde wie ein Emblem schweben und die Verbindung zur Straße, zur Geschichte und zu den Geschichten vor der Tür herstellen. *Under Lime*, der Titel der Arbeit, setzt als Text seinerseits die Ausstellung unter das Zeichen dieses Baumes. Aber er ist zugleich mehrdeutig. Der Limettenbaum, der im Englischen mit dem gleichen Wort bezeichnet wird, dürfte in diesem Zusammenhang eher in die Irre führen. Der Kalk jedoch, der auch gemeint sein könnte, weckt zwiespältige Assoziationen. „Under lime", das kann die Erde sein, die durch Dünger fruchtbarer gemacht, aber auch

die Leiche, deren Verwesungsprozess unter ungelöschtem Kalk neutralisiert werden soll. In unmittelbarer Nachbarschaft der Ausstellung stellen die acht Figurengruppen auf der Schlossbrücke, aufgestellt in der Mitte des 19. Jahrhunderts, in mythologischer Verkleidung die Schönheit des Todes auf dem Schlachtfeld dar. Oder sollte „under lime" eine Anspielung auf die massenhaften Opfer des Bombenkrieges und des Kampfes um Berlin am Ende des Zweiten Weltkrieges sein? So explizit ist es wohl nicht gemeint, aber eine dunkle Eintrübung des idyllischen Ortsnamens schwingt mit.

Die Straße und die Linden haben nicht nur in der Vergangenheit zahlreiche Künstler in Gemälden, Zeichnungen und Stichen beschäftigt. Auf halbem Weg zwischen Schlossplatz und Brandenburger Tor hat vor zehn Jahren Andreas Slominski, ebenfalls ein Erfinder und Inszenator von kalkulierten Umwegen zu einfachen Zielen,

32

this work with its precise geographical reference connects the comparatively exotic East Berlin of the GDR with the newly available city that emerged after the Wall came down in 1989. For all their difference, in both cases – as in Starling's, too – the starting point of these works is in language, and in a sense of bemusement that the central axis of this metropolis could be so simply named, as it might be in any village, after the trees that line it. Both works also toy with the conjunction of nature and city, with historical aspects of this place and, in so doing, form further reference points for Starling's new work.

However, the central figure in all of this – connecting both the exhibition as a whole and the individual works in it with their location in Berlin – is Alexander von Humboldt (1769–1859). Not far to the west of the Kunsthalle, statues of him

and his brother Wilhelm gaze out over the entrance to the university named after them. And right next to that, the seat of the Hohenzollern – having once completely disappeared, now to be partly reconstructed – will in future be home to the Humboldt-Forum for non-European arts and cultures. Legend has it that the favourite tree of this epoch-making universal scholar and explorer was the lime tree. That could well be. After all, as a symbol of German Romanticism the most famous words written about it – in Wilhelm Müller's *Der Lindenbaum* (The Lime Tree), set by Franz Schubert – fit very well into the emotive implications of 'home' and 'abroad'. From the recorded facts of Humboldt's life, we know that, on their epic journey through South and Central America, he and his fellow explorer Aimé Bonpland discovered and named fifteen species of cacti, including the species shown in Starling's work. And there is even a fine thread leading from *Plant Room* to the world of this explorer and

mit den Linden sein Spiel getrieben. Er setzte in der Mitte des Gehwegs den Stumpf eines anderswo ausgegrabenen Lindenbaums ein, so dass er nur noch ein klein wenig aus dem Lehmschotter herausschaute (*Baumstumpf*, 1998). Der vermeintliche Baumfrevel – so das in der ökologischen Debatte reaktivierte mittelalterliche Wort – irritierte die, die den widersinnig platzierten Stumpf bemerkten, und rief die Behörden auf den Plan. Lawrence Weiner hatte einige Jahre vorher ein Multiple gemacht, das aus einem Stempel samt Stempelkissen in einer Schachtel besteht (*UNTER DEN LINDEN / UNDER LIME TREES*, 1994). Während sich durch den Stempelaufdruck an beliebiger Stelle der Berliner Straßenname von seinem ursprünglichen Ort lösen und überall hin in ganz andere Bedeutungszusammenhänge wandern kann, zeigt eine beiläufig aufgenommene Schwarz-Weiß-Fotografie auf der Schachtel den Künstler mit Partnerin und Tochter wie sie in den 1970er Jahren sich anschicken, ebendiese

Straße zu überqueren. Neben manch anderen Aspekten verschränkt die Arbeit mit der spezifischen Ortsangabe das vergleichsweise exotische Ostberlin der DDR mit der neuen Verfügbarkeit der Stadt nach dem Fall der Mauer in den 1990er Jahren. So unterschiedlich die beiden Arbeiten sind, ihr Ausgangspunkt scheint in beiden Fällen, ähnlich wie bei Starling, in der Sprache zu liegen, bei einer gewissen Verwunderung darüber, dass die zentrale Achse dieser Metropole so ohne Umstand und beinahe dörflich nach einer Ansammlung von Bäumen benannt ist. Auch spielen sie mit der Überlagerung von Natur und Stadt beziehungsweise einzelnen historischen Zuständen dieses Ortes, womit sich weitere Bezugspunkte zu Starlings neuer Arbeit ergeben.

VOR ORT UND DURCH DIE ZEIT

Die zentrale Figur jedoch, die nicht nur die Ausstellung als ganze, sondern auch ihre einzelnen

natural philosopher. Humboldt – like Blossfeldt in his own way – was a meticulous observer of plants, of which he made detailed, informative drawings. One could even regard his lifelong determination to comprehend nature as a whole and in the mutual interdependence of its parts as similar to the philosophical approach that leads to Starling's open constructions with their focus on connectivities and cyclical structures. When Wilhelm von Humboldt said of his brother Alexander that the latter was made 'to connect ideas and to see concatenations of things', this could equally well apply on a general level to Starling's methods. But while the discovery of these connections across the ages may be poetically fruitful and intellectually stimulating, they can only be meaningful as long as one does not lose sight of the differences. The Enlightenment scholar and scientist Humboldt helped to pave the way for what was later to be called Modernism. Meanwhile the artist Starling is operating

in an age when the 'dialectics of Enlightenment' (Max Horkheimer, Theodor W. Adorno) are taken as read. As a *bricoleur,* he explores points and lines that have only come to light in and following the crises of Modernism. In the same way that Humboldt's interests span the wide arc from mining (the commercial domination of nature) to ecology, for Starling, Modernism and nature are the anchors in his poetic-documentary wanderings through spaces and times. While factual exploration, namely science, and art were still close neighbours in Humboldt's day, Starling is searching for the overgrown paths between the two. With characteristic ease (and skepticism) he thus – as though in passing – adeptly conveys a sense of reverence for the locus of this exhibition.

*   Jorge Luis Borges, 'Borges and I', in *Collected Fictions* (Penguin: New York, 1999).
** Simon Starling, 'Five Thousand Years (Some Notes, Some Works)', *The Journal of Modern Craft,* Vol. 1, No. 1 (March 2008), pp. 117–131.

Arbeiten mit ihrem Ort in Berlin verknüpft, ist Alexander von Humboldt (1769–1859). Nicht weit entfernt nach Westen steht sein Denkmal neben dem seines Bruders Wilhelm am Eingang der nach ihnen benannten Universität. Und gleich nebenan soll das völlig verschwundene und nun teilweise zu rekonstruierende Schloss der Hohenzollern in Zukunft das sogenannte Humboldt-Forum für die außereuropäischen Künste und Kulturen aufnehmen. Es wird gesagt, dass der Lieblingsbaum dieses epochalen Universalgelehrten und Forschungsreisenden die Linde gewesen sei. Das ist gut möglich, war sie doch ein Symbolbaum der deutschen Romantik und passen die bekanntesten Worte über sie, die Zeilen von Wilhelm Müller aus Franz Schuberts Lied *Der Lindenbaum*, durchaus in das Spannungsverhältnis von Heimat und Fremde. Zu den verbürgten Tatsachen aus Humboldts Leben gehört, dass er gemeinsam mit seinem Expeditionsgefährten Aimé Bonpland auf ihrer großen Reise durch Süd- und Mittelamerika fünfzehn Kakteenarten entdeckt, beschrieben und benannt hat, auch solche, wie sie Starling in seiner Arbeit zeigt. Schließlich lässt sich auch von *Plant Room* ein feiner Faden zum Kosmos dieses Forschers und Naturphilosophen spinnen. Er war nicht nur – wie Blossfeldt auf seine Weise – ein genauer Beobachter von Pflanzen, die er in präzisen und anschaulichen Zeichnungen festhielt. Mehr noch könnte man seinen umfassenden Versuch, die Natur in ihrer Ganzheit und in der gegenseitigen Abhängigkeit ihrer Teile zu erfassen, als Erkenntnishorizont betrachten, in den sich auch die offenen Starling'schen Konstruktionen mit ihrem Interesse an Verbindungsfähigkeit und zyklischen Strukturen einstellen ließen. Wenn der Bruder Wilhelm über Alexander von Humboldt gesagt hat, dass dieser dazu gemacht sei, „Ideen zu verbinden, Ketten von Dingen zu erblicken", dann könnte das auf einer allgemeinen Ebene auch eine Beschreibung von Starlings

Vorgehen sein. Nun sind solche Berührungen durch die Zeiten hindurch zwar poetisch ergiebige und gedanklich stimulierende Experimente, sie machen jedoch nur dann Sinn, wenn man die Unterschiede im Auge behält. Der Aufklärer und Wissenschaftler Humboldt arbeitete an der Entwicklung dessen, was später Moderne genannt werden würde. Der Künstler operiert in einer Zeit, der die Erfahrung der „Dialektik der Aufklärung" (Max Horkheimer, Theodor W. Adorno) selbstverständlich ist. Er erforscht als Bricoleur Punkte und Linien, die erst in und nach den Krisen der Moderne sichtbar werden. Wie Humboldts Interessen in dem weiten Kreis zwischen Bergbau, sprich industrieller Naturbeherrschung, und Ökologie ausgespannt waren, figurieren für Starling Moderne und Natur als Fixpunkte seiner poetisch-dokumentarischen Wanderungen durch Räume und Zeiten. Waren in Humboldts Zeit Sachforschung, also Wissenschaft, und Kunst noch eng benachbart, sucht Starling verschüttete Pfade zwischen ihnen. Mit der Leichtigkeit (und mit der Skepsis), die ihm eigen ist, skizziert er so wie nebenbei eine Reverenz an den Ort der Ausstellung.

* Jorge Luis Borges, „Borges und ich", in: *Gedichte und Prosa*, München 1963.
** Simon Starling, „Five Thousand Years (Some Notes, Some Works)", in: *The Journal of Modern Craft*, Bd. 1, Nr. 1, März 2008, S. 117–131.

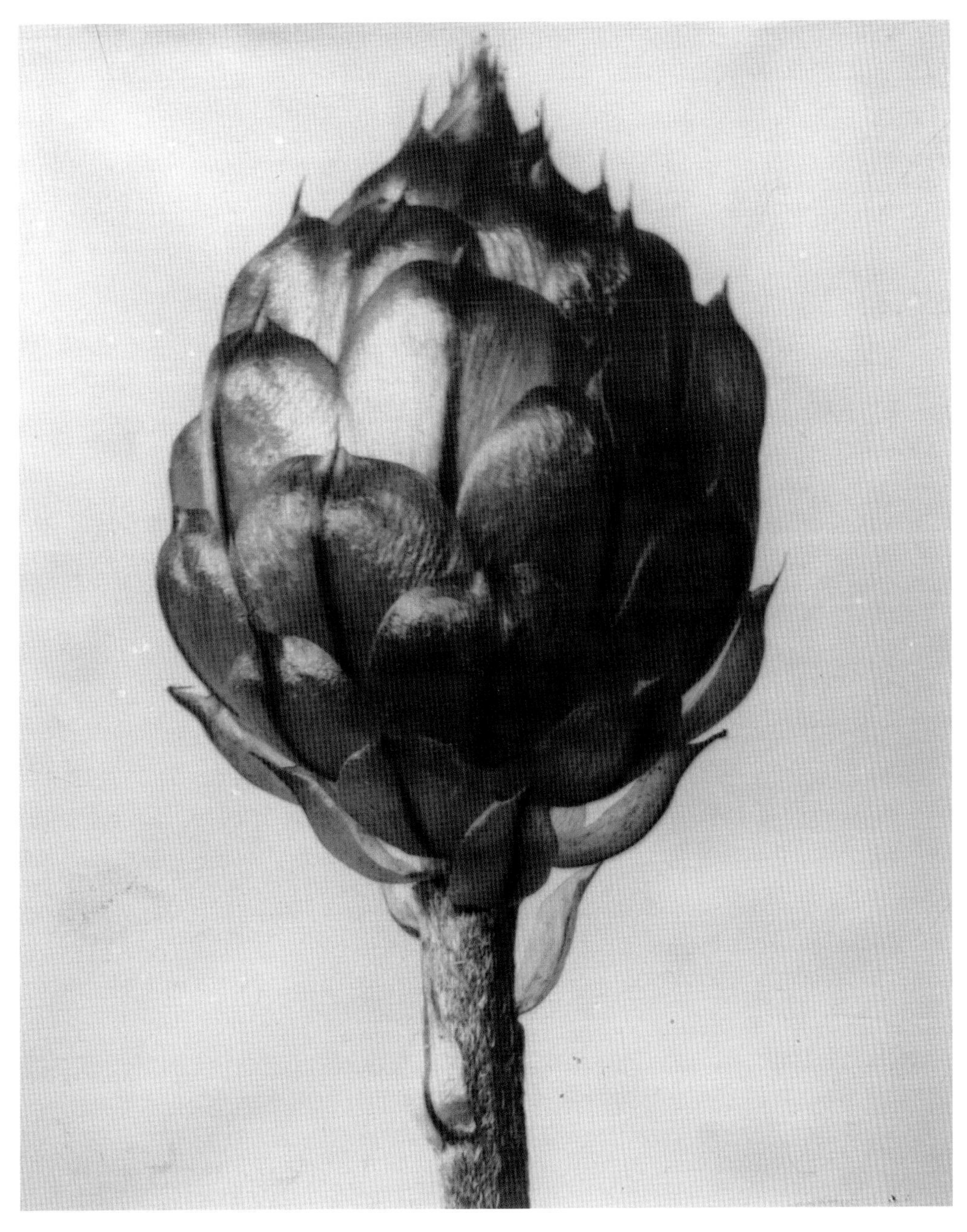

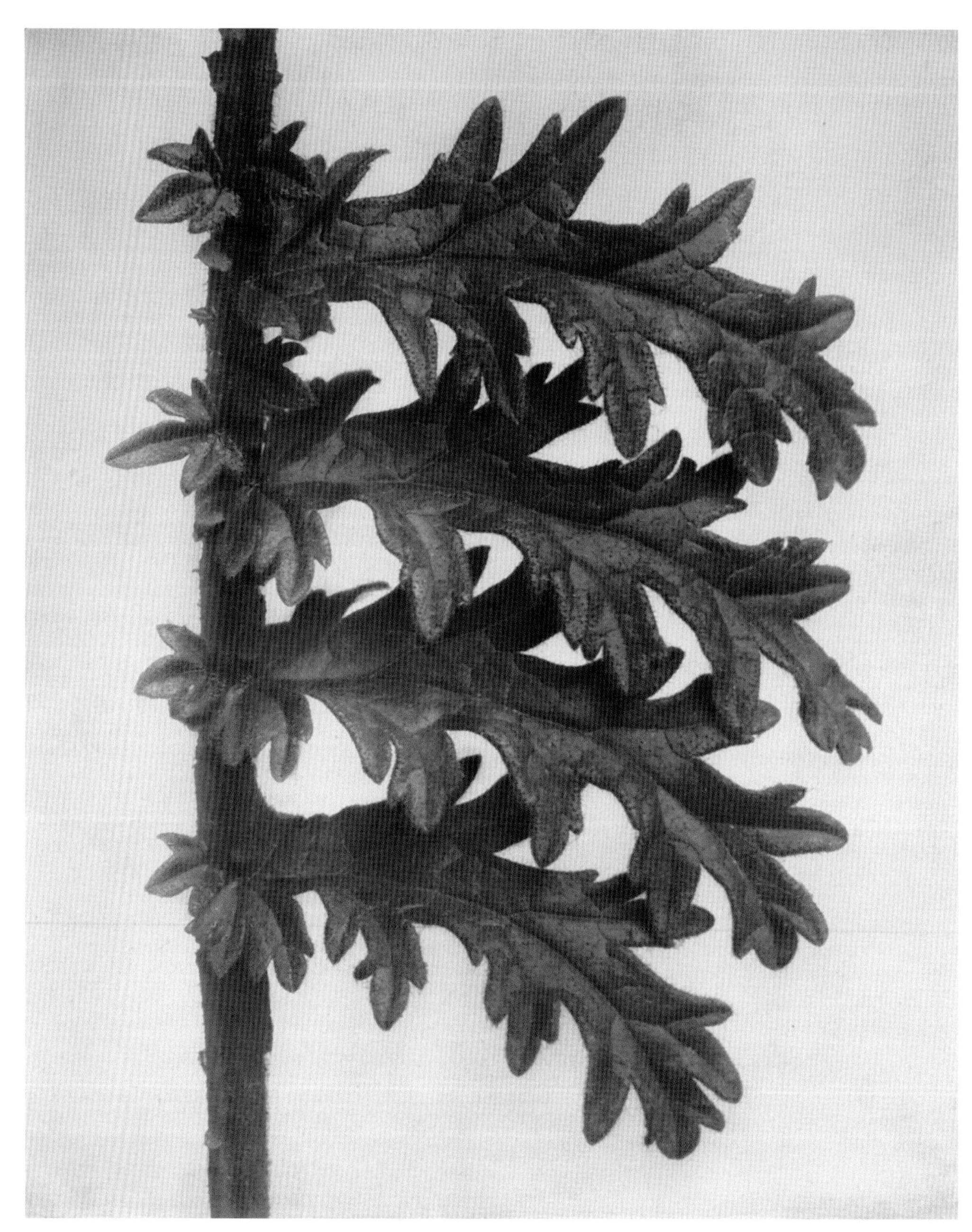

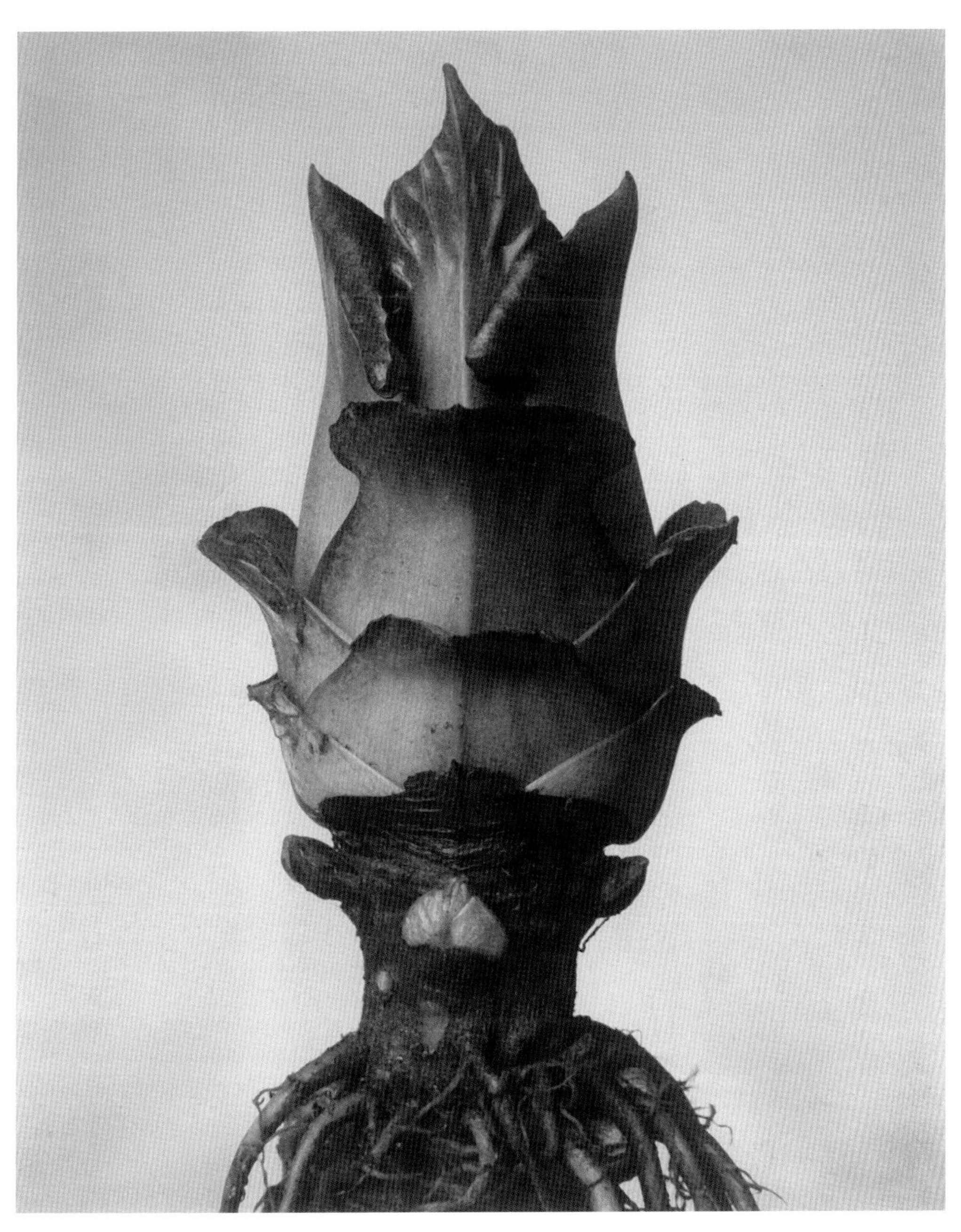

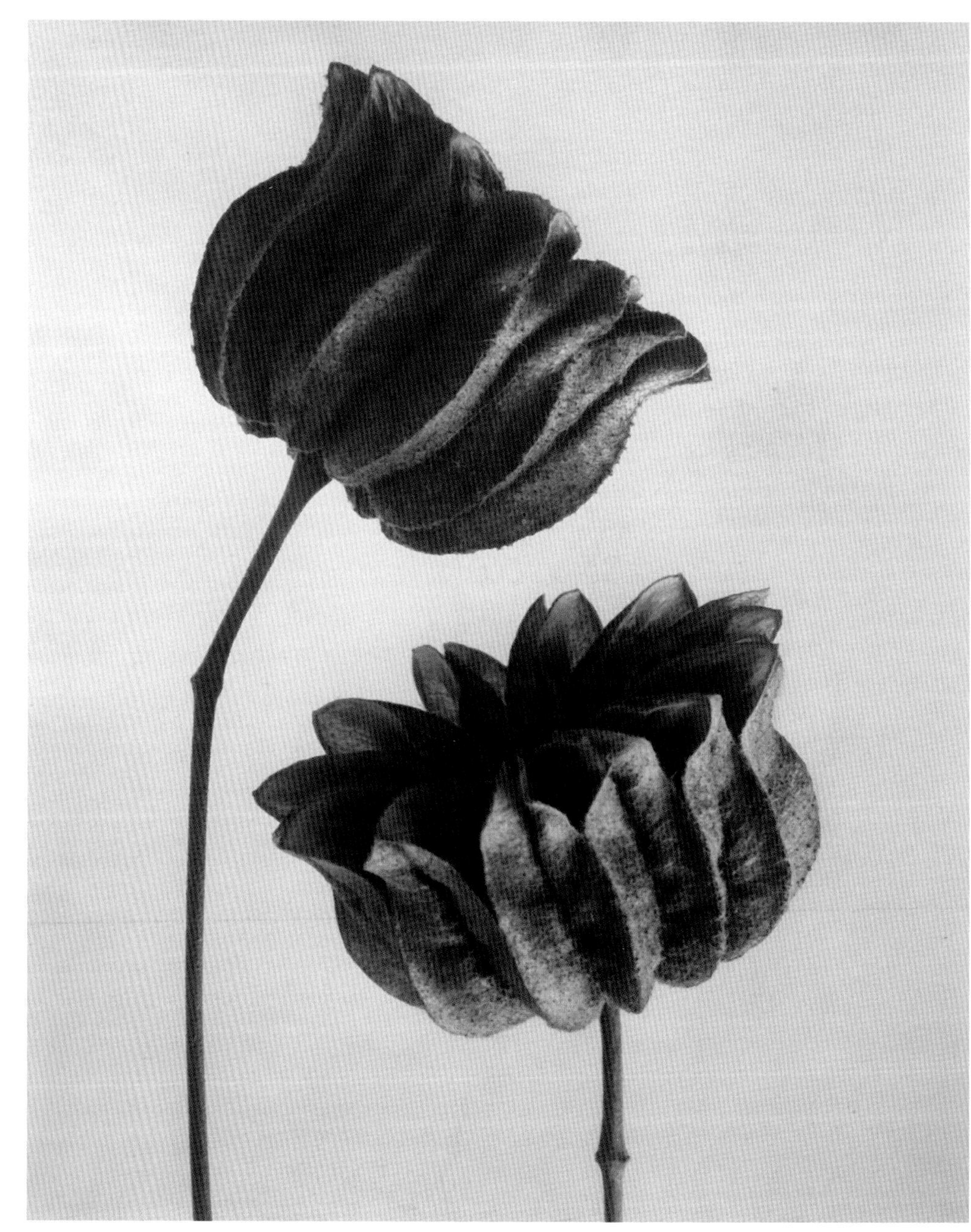

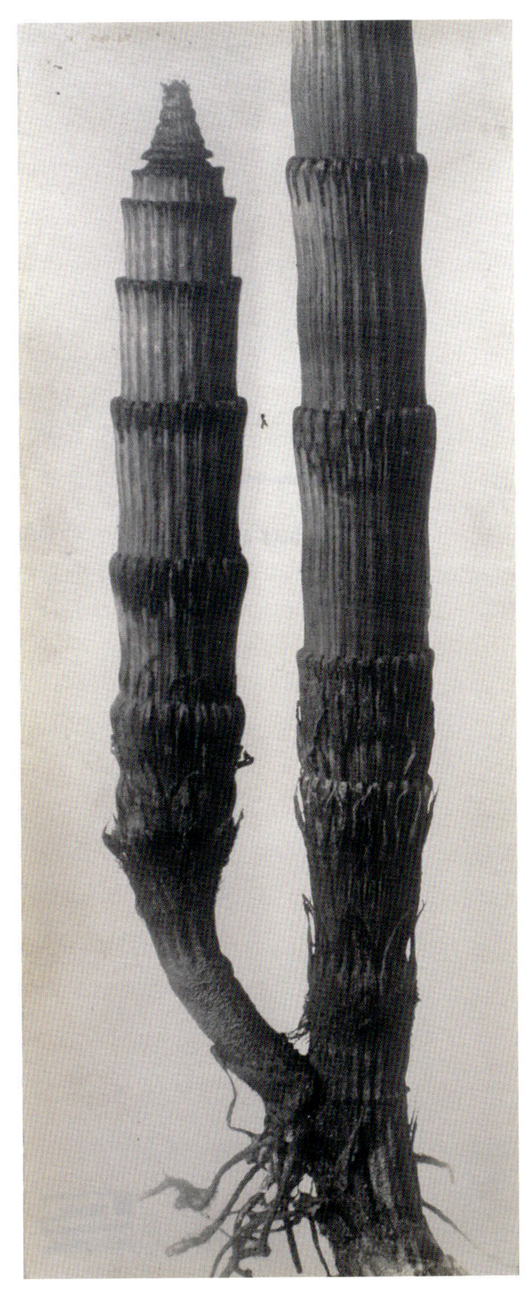

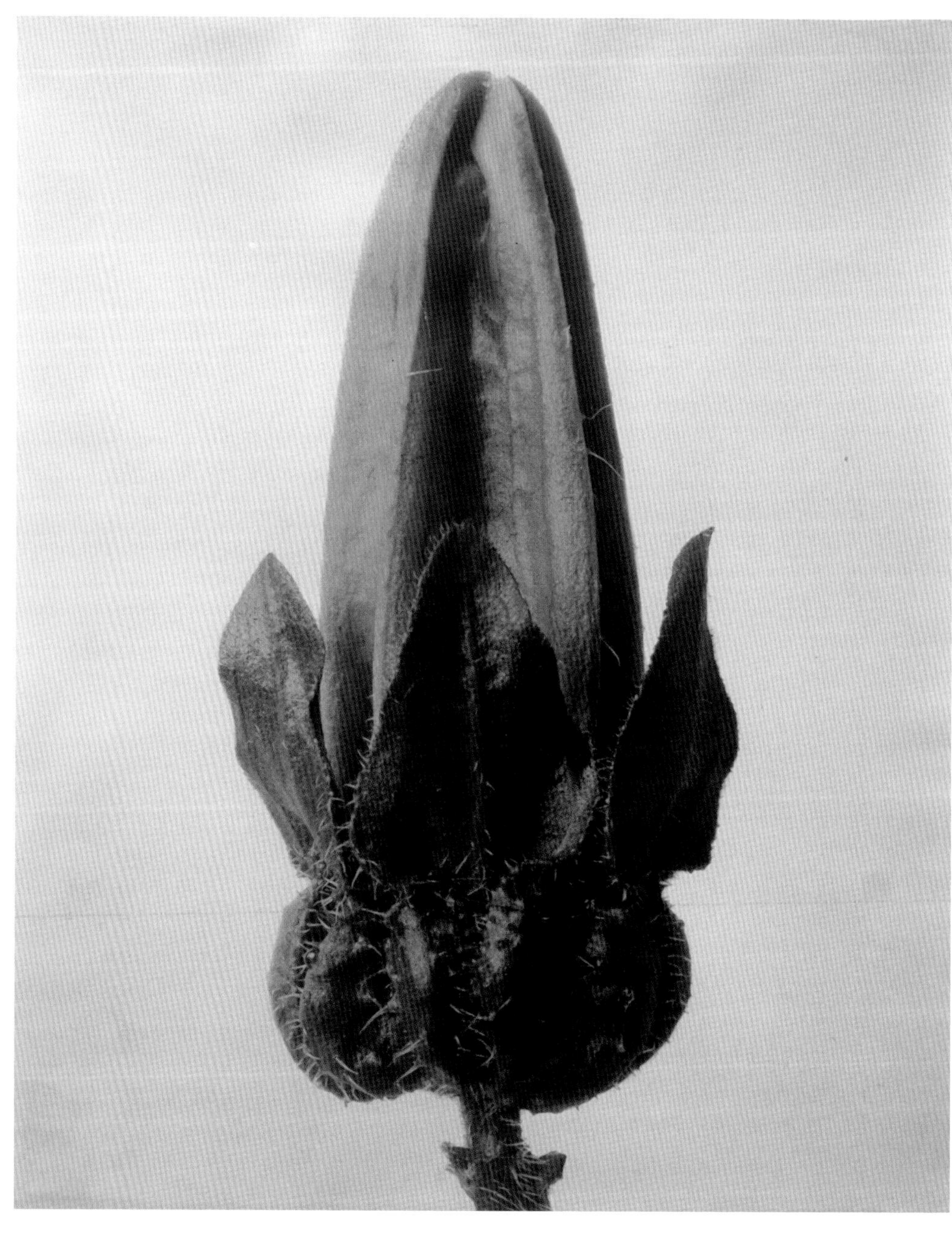

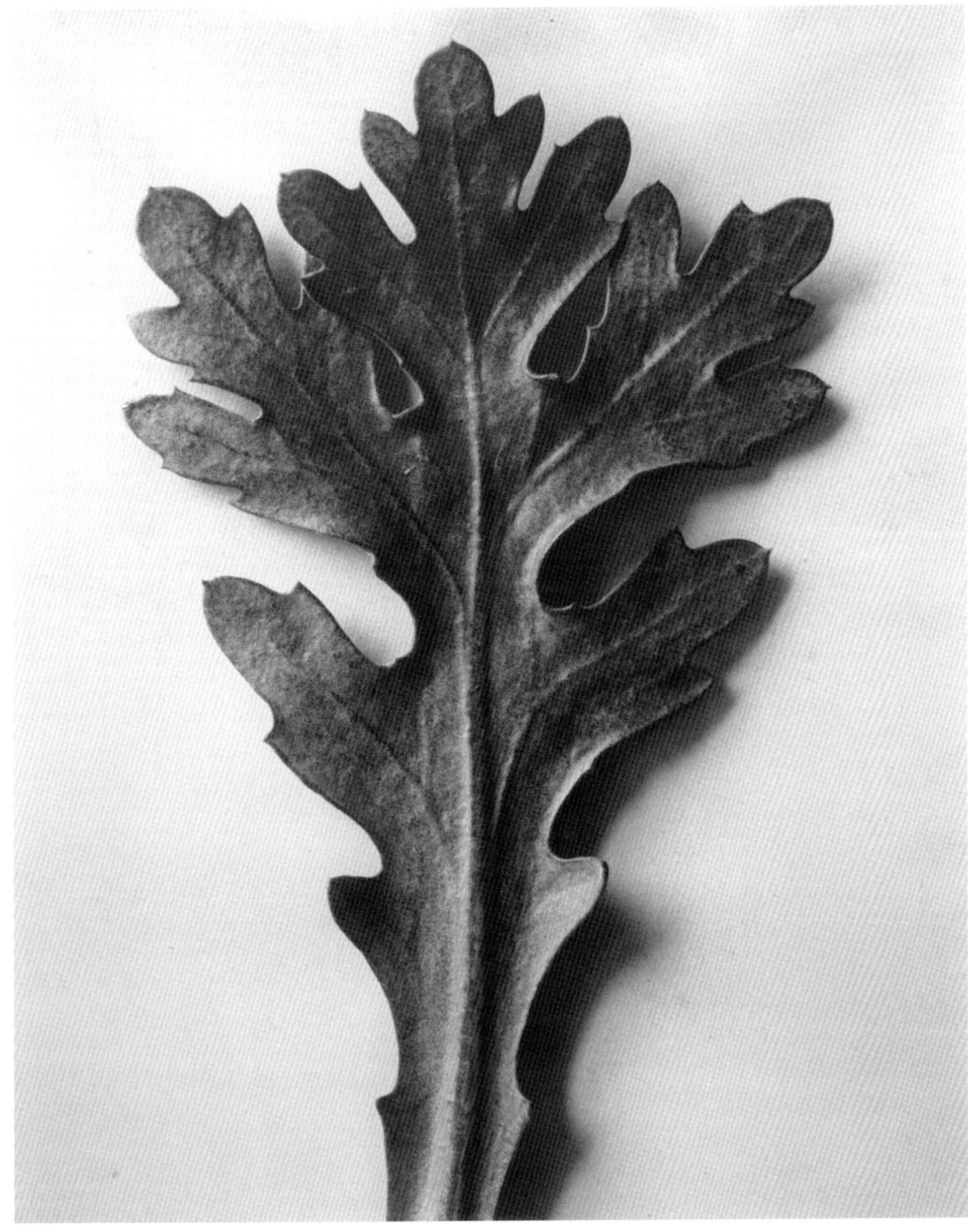

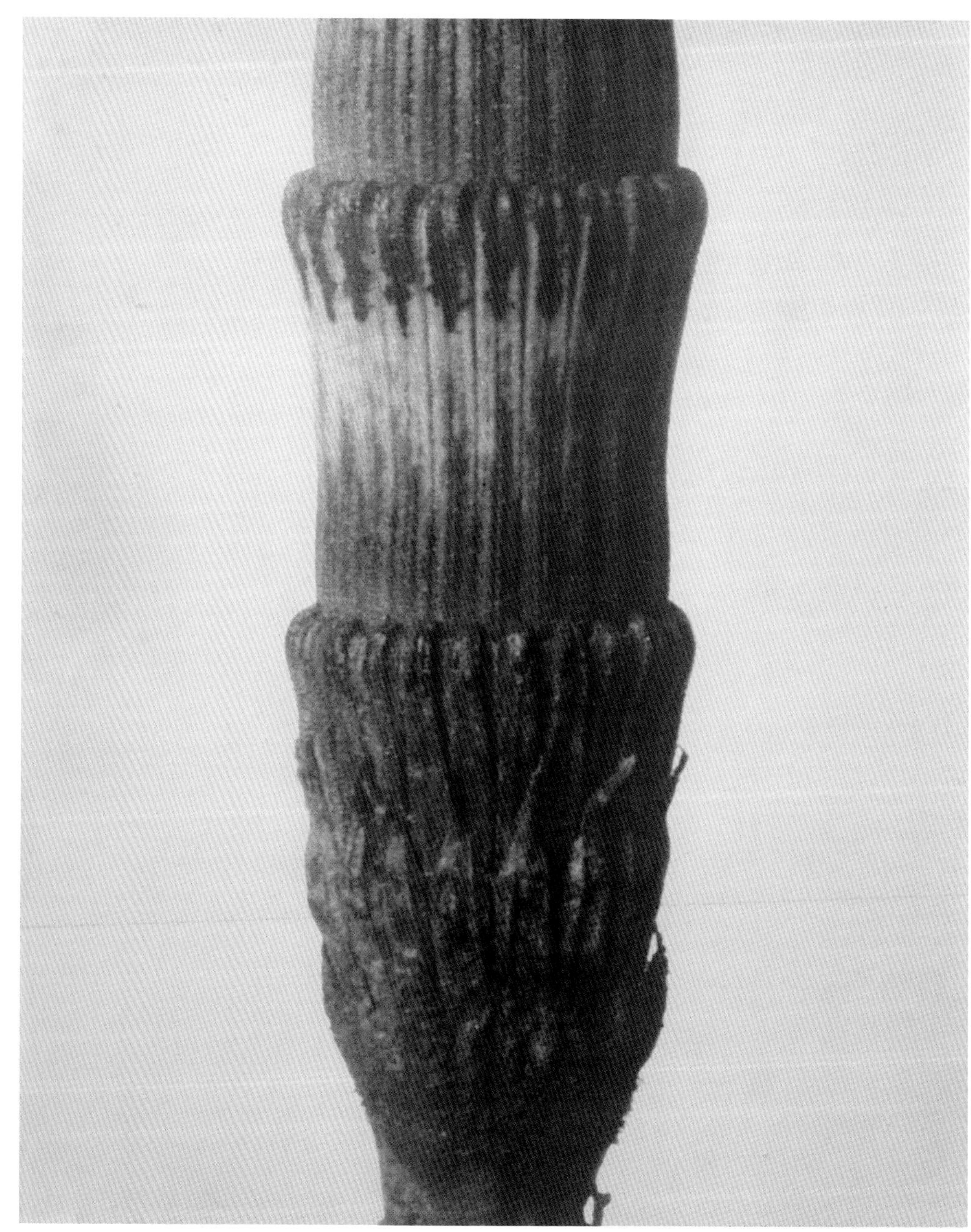

UNTERM DACH

BENEATH THE RAFTERS

Dominic Eichler

Jeder Versuchsaufbau hat einen Ursprung, der insbesondere im Falle der besonders Wissensdurstigen häufig der unwahrscheinlichste und abwegigste ist. Im Falle von Simon Starlings neuer Arbeit für die Temporäre Kunsthalle Berlin glich eine Besprechung mit den Ausstellungsorganisatoren über die Frage, was man in ihrem neuen Bau machen oder nicht machen könnte, in Starlings Worten dem „Schwenken eines roten Tuchs vor dem Stier".

Der die Kunsthalle beherbergende Bau entstand nach einer jahrelangen Informations- und Planungsphase innerhalb weniger Monate mithilfe von finanziellen Mitteln aus einer privaten Stiftung. Der Architekt Adolf Krischanitz konzipierte den temporären Pavillon als von innen und außen zu nutzende „Projektionsfläche". Die physische Erscheinung des Baus in seinem speziellen Kontext erzeugt eine bewusst bipolare, fremdartige oder antagonistische Verbindung: die des modernistischen, frei stehenden Containers zu seinem historischen Ort, dem Schlossplatz, einem der geschichtsträchtigsten und heißest umkämpften Plätze im wiedervereinigten Berlin. Diese konfrontative Situation verleiht dem Gebäude den mehrdeutigen Charakter eines beunruhigenden und provokanten transitorischen Monuments. Der Innenraum ist ein schmuckloser White Cube, allerdings mit großzügigen Proportionen, die an einen bloßgelegten Museumssaal des 19. Jahrhunderts erinnern.

Das Wesen dieser Architektur spiegelt nicht nur die Schaffung von Raum wider. Entscheidend ist die Tatsache, dass es sich hierbei nicht um einen auf Dauer angelegten Bau handelt. Entsprechend verfügt er über Merkmale von Event-Architektur, wie man sie beispielsweise bei einem Expo-Pavillon erwarten würde. Ebenso könnte man hier an jene Einkaufszentren und Großhandelslagerhallen denken, wie sie seit etwa zehn Jahren

All lines of enquiry have an origin and often they are the most unlikely, tangential ones, especially for the curious minded. In the case of Simon Starling's new work for the Temporäre Kunsthalle Berlin, a briefing session with the exhibition organizers about what could and couldn't possibly be done in their new building was, Starling told me, 'like waving a red flag to a bull'.

The building housing the Kunsthalle was erected in a few short months with funds from a private foundation after years of campaigning and planning. The architect Adolf Krischanitz conceived of the temporary pavilion as a 'projection screen' from both the inside and outside. The physicality of the structure in its particular context creates an intentionally bipolar, alien or antagonistic combination: that of a Modernist, freestanding, rectangular container versus the historical site – Schlossplatz, one of the most history-laden and contested parcels of land in reunified Berlin. This confrontational situation gives it the ambiguous character of an uneasy and provocative transitory monument. Inside, it is an unadorned white cube but with lofty proportions recalling a denuded hall in a nineteenth-century museum.

The nature of the building is not just about the creation of space. Crucially, it is not built to last. Accordingly, it has the character of event architecture that one might expect of an Expo pavilion for instance. Equally, though, you might also think of the retail complexes and goods distributing warehouses which have sprung up all over Germany in the last decade or so, flanking its autobahns on the suburban outskirts and distinguishable from one another only by their branding. As one might imagine of such a temporary structure, it is not designed to cater to, display, house or preserve works of art that are climatically sensitive. In short, the Temporäre Kunsthalle doesn't offer an archival atmosphere.

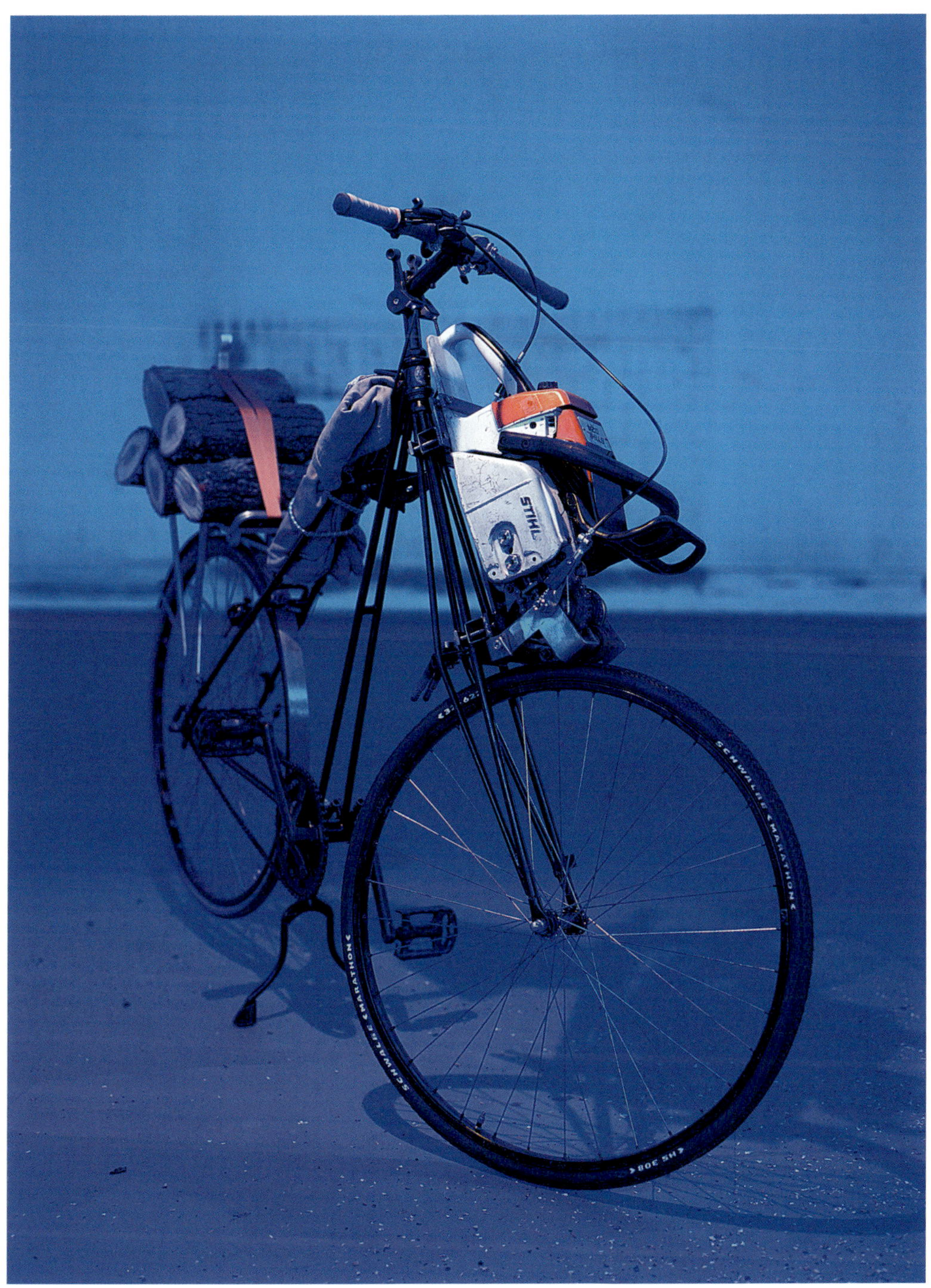

Carbon (Pedersen), 2003

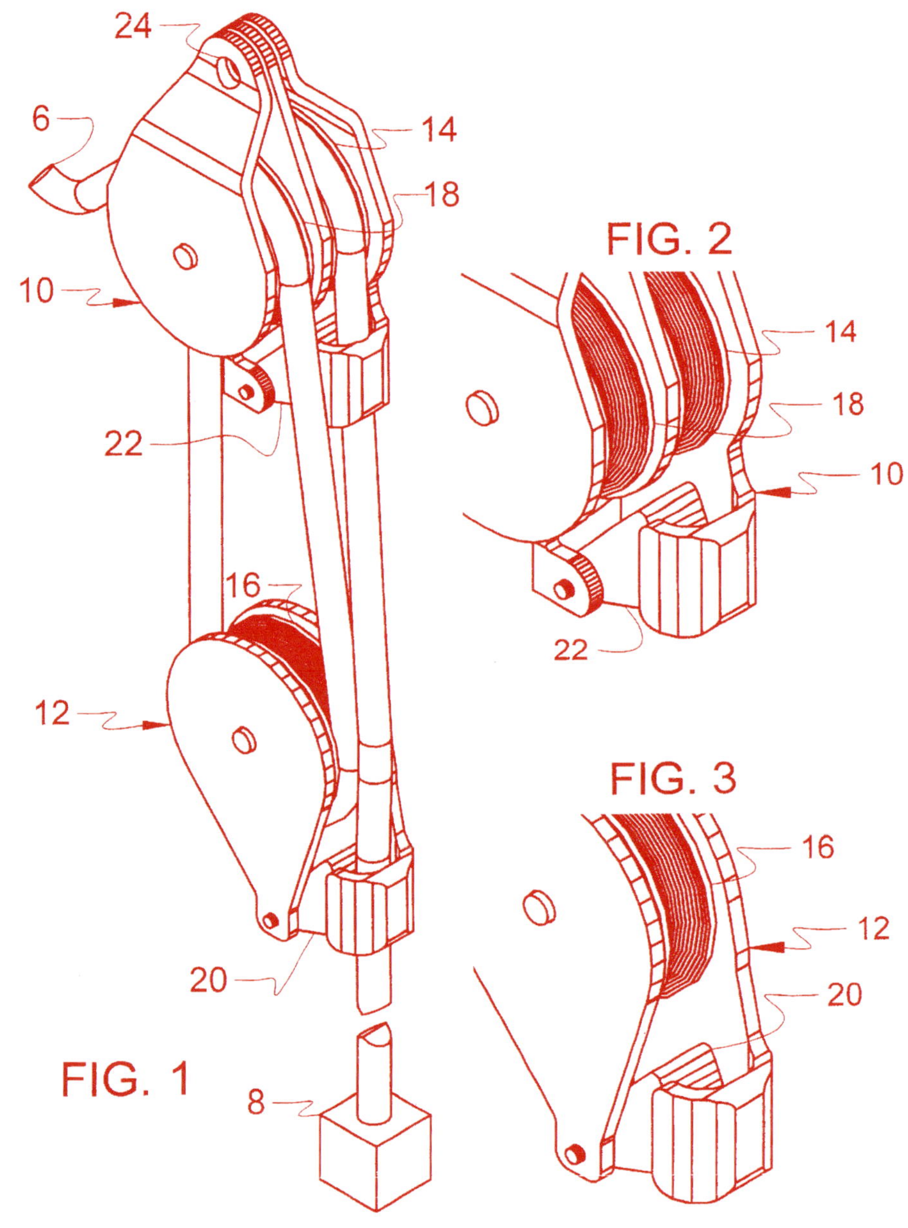

24
6
14
18
10
22
16
12
20
8
FIG. 1
FIG. 2
14
18
10
22
FIG. 3
16
12
20

in ganz Deutschland aus dem Boden sprießen und die Autobahnen der Peripherien säumen, unterscheidbar lediglich anhand der jeweiligen Firmenschilder. Derartige temporäre Architekturen sind erwartungsgemäß nicht für den Schutz, die Präsentation, Aufbewahrung oder Konservierung von klimaempfindlichen Kunstwerken konzipiert. Kurz gesagt, die Temporäre Kunsthalle verfügt über keinerlei Archivcharakter. Sie eignet sich für Statements, nicht zur Kunstaufbewahrung. Sie ist ein Raum für das Zeitgenössische, das sich notwendigerweise im Hinblick auf die Gegenwart oder nahe Zukunft definiert. Diese Einschränkung der Möglichkeiten innerhalb der Kunsthalle jedenfalls war von Beginn an ein wichtiger Impuls für Starlings Überlegungen hinsichtlich des an diesem Ort Machbaren.

Dominic Eichler: Erinnerst du dich daran, was dich dazu veranlasste, den Lindenast unter das Dach zu befördern?

Simon Starling: *Es war einerseits eine unmittelbare Reaktion auf die Architektur der Temporären Kunsthalle mit ihrer übertrieben hohen Decke und den einfachen Deckenbalken und andererseits eine Fortführung der Idee hinsichtlich einer Verwendung von Objekten entgegen ihrer eigentlichen Bestimmung oder zumindest im Sinne einer dualen Funktionszuweisung. Wie beim Transport eines Kaktus in einem Auto und der anschließenden Beheizung eines Raums mithilfe desselben Automotors, genau so wird die Kettensäge sowohl als Instrument zum Zerteilen des Astes wie auch als Mittel zur Beförderung des Astes unter die Decke genutzt. Vielleicht ist es auch eine eher schlichte Geste, mit deren Hilfe diese hauchdünne Grandezza der Kunsthalle gemindert werden soll – eine komische Form der Unterwerfung oder etwas in dieser Art. Das vorliegende Projekt entwickelte sich aus mehreren Arbeiten, die ich vor einigen Jahren gemacht habe und in denen ein Kettensägenmotor zum Antrieb eines behelfsmäßigen Mofas – einer Art selbst gebauter*

It is geared towards making statements, not preservation. It is a space for the contemporary, which necessarily defines itself in the present or the near future. In any case, it was exactly this restriction on what is possible in the building that got Starling thinking about what he might try to accomplish there.

Dominic Eichler: Do you remember what inspired the idea of hoisting the lime branch into the rafters?

Simon Starling: It was both a very immediate response to the architecture of the Temporäre Kunsthalle with its exaggeratedly lofty ceiling and simple triangulated beams, and at the same time a continuation of the idea of using objects to do things they weren't really designed for or at least giving them a dual function, like transporting a cactus in a car and then heating a space with that same car's engine – the chainsaw becomes both a mechanism for cutting the branch and a means of hoisting it into the ceiling. Perhaps it's also a rather modest gesture that attempts to deflate the paper-thin grandeur of the Kunsthalle – a comic conquest or something of the kind. The project has evolved out of a few works I made a few years ago that used a chainsaw to power an improvised moped – a kind of homemade Velosolex – and the idea for this came in part at least from Cuba, where dual function objects of this kind have become commonplace for very pragmatic reasons – a 'making do and getting by' kind of ingenuity.

DE: Is context a frame or a material for you?

SS: I very much like the idea of considering context as just one more material, but my approach is far from systematic. The fact is I've always tried to retain a very broad understanding of a context when developing new works. It can involve a very direct engagement with the architecture of a particular exhibition venue as was perhaps most recently embodied in the project Plant Room *(2008),*

Velosolex – genutzt wurde, wobei die Idee dazu wenigstens zum Teil aus Kuba stammt, wo derartige Objekte mit doppelten Funktionen – eine Erfindung des Sich-Begnügens und Sich-Behelfens – aus rein pragmatischen Gründen gang und gäbe sind.

DE: *Ist der Kontext für dich ein Rahmen oder ein Material?*

SS: *Mir gefällt die Idee außerordentlich, den Kontext lediglich im Sinne eines weiteren Materials zu betrachten, mein Ansatz jedoch ist alles andere als systematisch. Tatsache ist, dass ich stets versuche, bei der Entstehung neuer Arbeiten ein umfassendes Verständnis bezüglich des jeweiligen Kontextes zu gewährleisten. Dazu kann eine sehr unmittelbare Auseinandersetzung mit der Architektur eines bestimmten Ausstellungsortes gehören, wie zuletzt bespielsweise bei dem Projekt* Plant Room *(2008), das zuerst in einem baufälligen alten Fabrikbau im österreichischen*

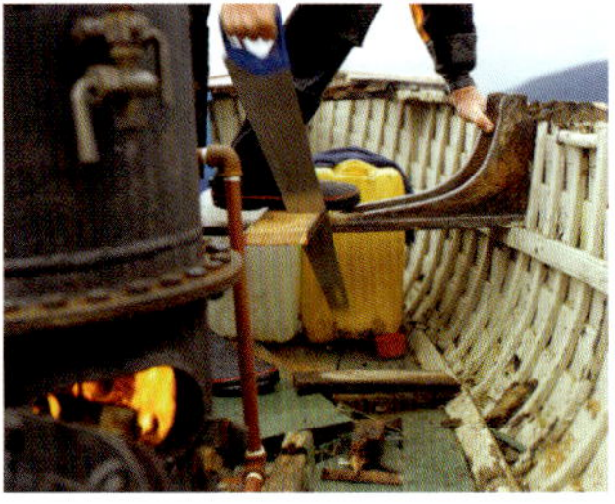

Autoxylopyrocycloboros, 2006

Dornbirn realisiert wurde. Diese durchlässige, unkontrollierte Situation erzeugte eine sehr spezielle Arbeit, wobei der Raum im selben Maße zum Material wurde wie die Lehmziegel, die zu seiner Negierung eingesetzt wurden. Vielleicht steht das in einem Verhältnis dazu, dass ich die traditionelle Fotografie als eine Art bildhauerisches Material nutze – als Bild-Träger und zugleich als Material – Silber, Platin und so weiter. Ansonsten manifestiert sich der Kontext als eine Reihe geografischer oder historischer Koordinaten, die einen Kartierungsvorgang in Zeit und Raum auslösen können. Hierbei fungiert der Kontext als ein „Pol", von dem das Projekt ausgeht. In diesen Fällen würde man den Kontext wohl eher als Rahmen begreifen – der sich allerdings in Bezug auf sein Ausmaß der jeweiligen Arbeit angleicht.

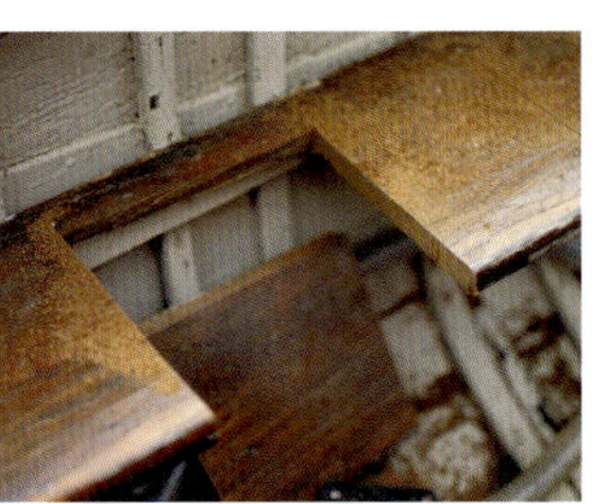

(II) ELEVATION AND THE CONCEPTUAL CHAINSAW

There are three main components or stages in Starling's new project *Under Lime* (2009), whose title refers to Berlin's most imposing boulevard Unter den Linden, which runs just outside the Temporäre Kunsthalle Berlin. The instructions for making the piece could read something like this: 1) Use a chainsaw to cut a branch from a lime tree on Unter den Linden. 2) Reconfigure the chainsaw motor so that it can be used to power a hoist. 3) Hoist the artist and the

DE: Interessieren dich Museen grundsätzlich aufgrund deiner Beschäftigung mit dem Sammeln von Artefakten?

SS: Nein, nicht grundsätzlich, sondern gelegentlich, nämlich dann, wenn sie als Auslöser von etwas anderem dienen. Ich betrachte mich selbst nicht als großen Sammler von Artefakten. Manchmal entlehne oder kopiere ich sie, dabei geht es allerdings eher um einen Prozess der Vermittlung oder Befragung als um einen Akkumulationsvorgang.

(II) AUFWÄRTSBEFÖRDERUNG UND GEDANKLICHE KETTENSÄGE

Starlings jüngstes Projekt, *Under Lime* (2009), verfügt über drei wesentliche Bestandteile be-

branch up some nine metres to the rafters of the Kunsthalle and affix the branch.

SS: Apparently this is the right time to prune back.

Starling has made other works involving dual usage of a chainsaw engine and the cutting and transport of wood. But then again nearly all of Starling's works move material in order to move your mind. It is also crucial how on an associative and metaphorical level, his work speaks to interlinked cultural histories. What, for example in this case, might be embedded, entangled, engrained in the idea of the lime tree branch? Even the most casual Internet search provides lots of 'information' about the cultural import of the lime trees of Unter den Linden. Here is a sample taken like cuttings:

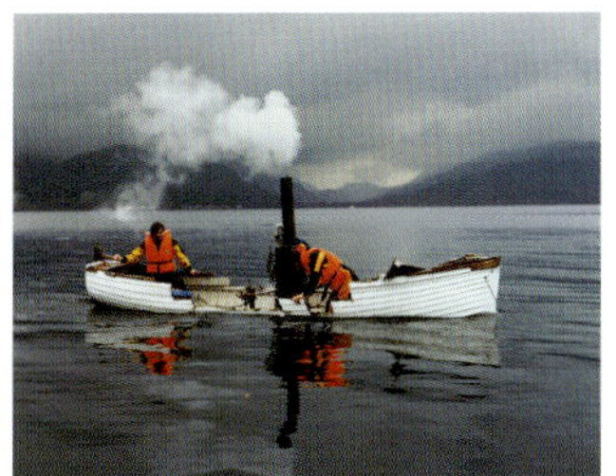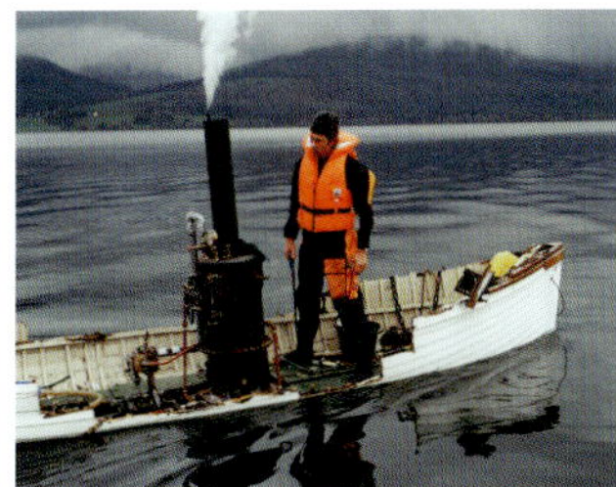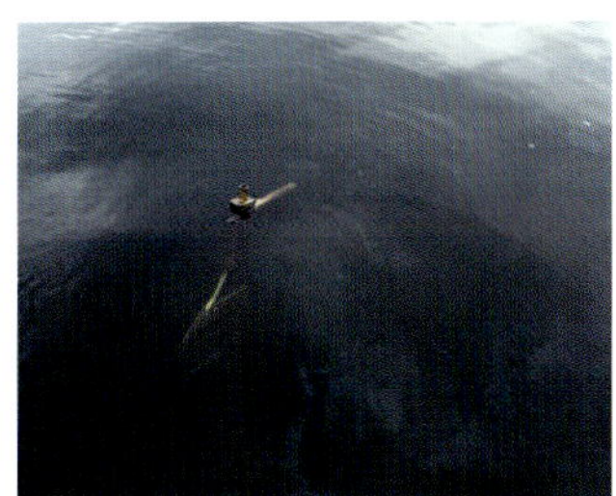

Autoxylopyrocycloboros, 2006

ziehungsweise Ebenen und verweist in seinem Titel auf Berlins imposanteste Prachtstraße, Unter den Linden, die unmittelbar an der Temporären Kunsthalle Berlin vorbeiführt. Eine mögliche Anleitung zur Herstellung dieser Arbeit könnte wie folgt lauten: 1) Trennen Sie mit einer Motorsäge einen Ast von einer der Linden ab, welche die Straße Unter den Linden flankieren. 2) Bauen Sie den Motor der Kettensäge nun so um, dass er einen Flaschenzug antreiben kann. 3) Befördern Sie den Künstler und den Ast nach oben (ca. 9 m) bis unter das Dach der Kunsthalle, und befestigen Sie den Ast dort.

SS: Dies ist offenbar die richtige Zeit zum Zurückstutzen.

As long as Unter den Linden
The trees still grow so green,
We'll never be downtrodden
Berlin, you're still Berlin.
When others turn their backs on you
My loyalty does not wane,
You know I've always loved you,
Berlin, just stay Berlin.
LINDEN MARCH, 1923

In the 1920s, the boulevard was bursting with life. With the arrival of the National Socialists, the linden trees were cut down to make way for processions and propaganda events.

Starling hat bereits andere Arbeiten produziert, in denen es unter anderem um eine zweifache Nutzung eines Kettensägenmotors und das Zersägen und Befördern von Holz ging. Andererseits wird in nahezu allen Werken Starlings Material bewegt, um ein bestimmtes Denken in Gang zu setzen. Daneben ist von entscheidender Bedeutung, dass es in seiner Arbeit um auf einer

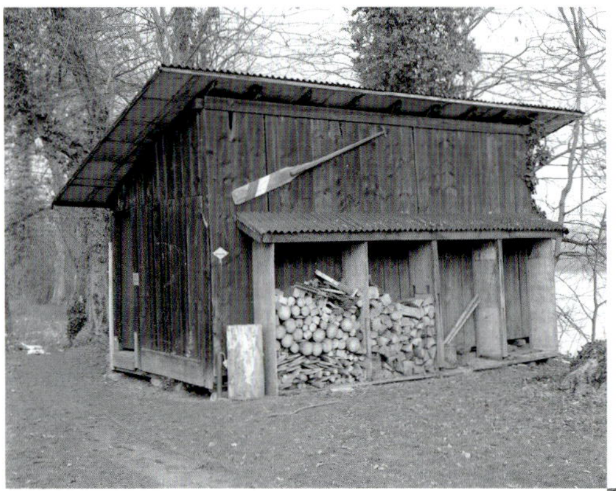

Shedboatshed (Mobile Architecture No 2), 2005

assoziativen oder metaphorischen Ebene miteinander verflochtene Geschichten geht. Was also umfasst, verbirgt, verkörpert im vorliegenden Fall die Idee des Lindenastes? Schon die beiläufigste Internetrecherche liefert zahlreiche „Daten" zur kulturellen Bedeutung der Linden „Unter den Linden". Zum Beispiel diese Fragmente:

Solang noch unter'n Linden
Die alten Bäume blühn,
Kann nichts uns überwinden,
Berlin, du bleibst Berlin.
Wenn keiner treu dir bliebe,
Ich bleib' dir ewig grün,
Du meine alte Liebe,
Berlin bleibt doch Berlin.
LINDENMARSCH, 1923

A poem from Wilhelm Müller's cycle of poems, Winterreise, *is called 'Der Lindenbaum'. The cycle was later set to music by Franz Schubert.*

In German folklore, the linden tree is the 'tree of lovers'.

During the last days of World War II most of the linden trees were destroyed or cut down for firewood. The trees were replanted in the 1950s.

Originally, local communities not only assembled to celebrate and dance under the lime tree to hold their judicial thing meetings there in order to restore justice and peace. It was believed that the tree would help unearth the truth. Thus the tree became associated with jurisprudence even after Christianization, such as in the case of the 'Gerichtslinde', and verdicts in rural Germany were frequently returned sub tilia *(under the lime tree) until the Age of Enlightenment.*

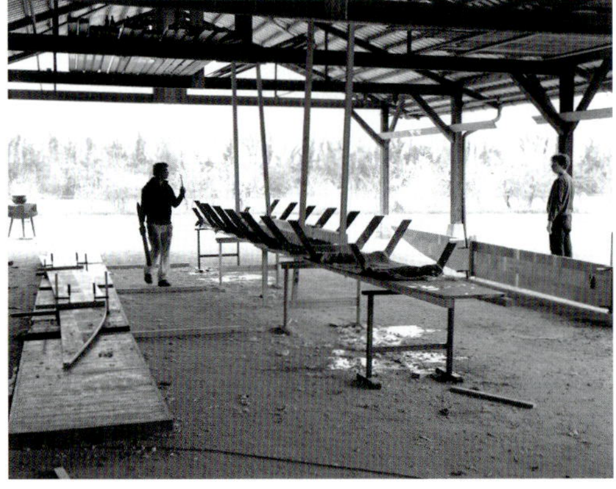

In the Nibelungenlied, *a medieval German work ultimately based on oral tradition recounting events amongst the Germanic tribes in the 5th and 6th centuries, Siegfried gains his invulnerability by bathing in the blood of a dragon. While he did so, a single linden tree leaf stuck to him, leaving a spot on his body untouched by the blood and he thus has a single point of vulnerability.*

In den zwanziger Jahren des letzten Jahrhunderts strotzt der Boulevard nur so vor Lebenslust. Unter der Herrschaft der Nationalsozialisten dann werden die Linden abgeholzt, um Platz zu schaffen für Aufmärsche und Propagandaveranstaltungen.

Ein literarisches Denkmal hat dem Baum Wilhelm Müller in seinem [später von Franz Schubert

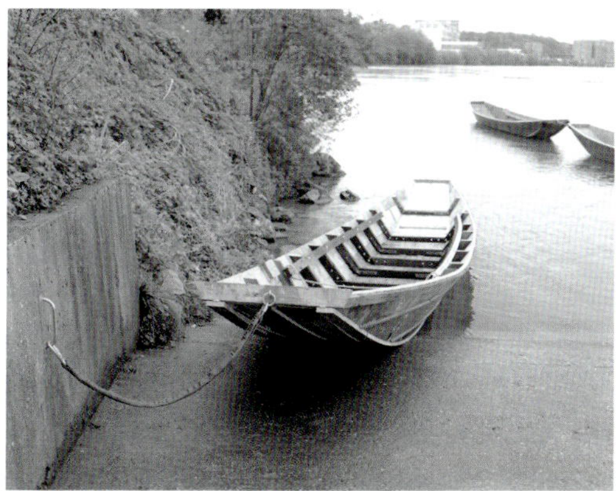

Shedboatshed (Mobile Architecture No 2), 2005

vertonten] Gedicht Der Lindenbaum *gesetzt.*

In Deutschland gilt die Linde volkstümlich als „Baum der Liebenden".

Während der letzten Kriegstage wurden die meisten der Linden zerstört oder zur Brennholzgewinnung gefällt. In den 1950er Jahren wurden schließlich neue Bäume angepflanzt.

Viele Orte in Mitteleuropa hatten früher ihre Dorflinde, die das Zentrum des Ortes bildete und Treffpunkt für den Nachrichtenaustausch und die Brautschau war. Anfang Mai wurden meist Tanzfeste unter diesem Baum – zum Teil auch auf sogenannten Tanzlinden – gefeiert […]. Allerdings wurde hier auch meist das Dorfgericht abgehalten, eine Tradition, die auf die germanische Gerichtsversammlung zurückgeht. Die Linde ist deshalb auch als „Gerichtsbaum" oder „Gerichtslinde" bekannt.

Looking up the ropes of the hoist and into the rafters at the affixed lime tree branch while bearing all this in mind, one is immediately conscious of the lofty metaphorical trip involved in Starling's simple gesture. The relative weightlessness and ease of the work might suddenly, for instance, appear like an impossible act of elevation. And for those who know the artist's work a little more, which includes a piece like *Shedboatshed (Mobile Architecture No 2)* of 2005, is it going too far to suggest that the affixing of the branch to this new Kunsthalle 'shed' might even imply the possibility of a deconstruction or reconstruction in a literal sense?

But let's not forget the artist's companion and co-worker: the chainsaw. It seems funny to me that a machine like this might find a place in Starling's conceptual art. Whether it calls to mind horror films or deforestation, it seems like a strange implement for artwork that has often

53

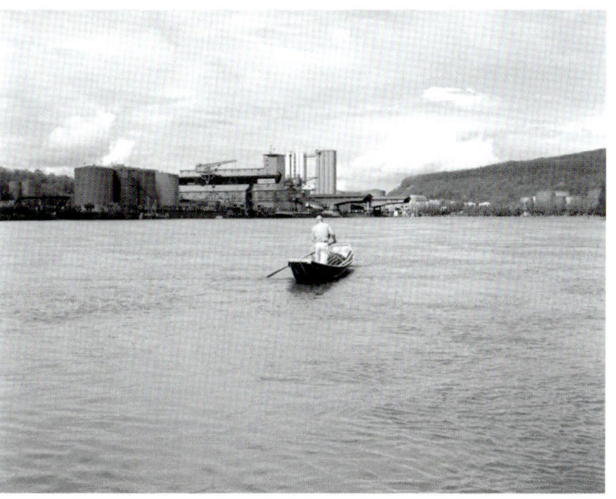

been inspired by ecological issues. And seen purely as an art-making tool, a chainsaw, after all, conjures up images of male neo-expressionist sculptural bravado – an idea also alien to Starling's modus as something of a quietly philosophical tinkerer. Also, if one thinks of the artistic response to the machine which has accompanied Modernity across the spectrum

Im mittelalterlichen Nibelungenlied, *das auf einer mündlichen Überlieferung beruht und die Geschichte germanischer Stämme im 5. und 6. Jahrhundert nacherzählt, erlangt Siegfried Unverwundbarkeit, indem er im Blut eines Drachen badet. Während dieses Bades fällt ein einzelnes Lindenblatt auf seine Schulter, die somit unbenetzt bleibt. Nur an dieser Stelle seines Körpers wird Siegfried fortan verwundbar sein.*

Blickt man an den Seilen des Flaschenzugs hinauf zu den Dachsparren und dem dort oben angebrachten Lindenast, und hat man dabei diese „Daten" im Kopf, so erkennt man unmittelbar die metaphorische Reise in luftiger Höhe, die hinter Starlings simpler Geste steckt. So kann die relative Schwerelosigkeit und Ungezwungenheit der Arbeit unvermittelt wie eine unmögliche Aufwärtsbewegung erscheinen. Diejenigen, die mit dem Werk des Künstlers etwas vertrauter sind, und einer Arbeit wie *Shedboatshed* (*Mobile Architecture No 2*) von 2005, könnten gar vermuten, dass die Anbringung des Astes an diesem neuen Kunsthallen-„Schuppen" selbst die Möglichkeit einer Dekonstruktion oder Rekonstruktion im buchstäblichen Sinne beinhaltet.

Dabei sollte man allerdings nicht den Begleiter und Mitarbeiter des Künstlers vergessen: die Kettensäge. Es ist bemerkenswert, dass Starlings konzeptuelle Kunst Platz für ein solches Gerät bietet. Ob nun an Horrorfilme oder Abholzung erinnernd, erscheint die Motorsäge doch als ein eigenartiges Werkzeug für eine Kunst, die häufig ökologische Themen behandelt. Daneben evoziert die Kettensäge als Instrument zur Kunstproduktion Bilder männlicher neoexpressionistisch-bildhauerischer Prahlerei – eine Vorstellung, die Starling angesichts seiner Arbeitsweise im Sinne eines ruhigen philosophischen Bastlers ganz und gar nicht entspricht. Wenn man außerdem die künstlerischen Reaktionen auf jenes Gerät betrachtet, die in der Geschichte der Moderne von Angst und Schrecken bis hin

from fear and loathing to explicit love, the plot thickens even more.

Starling's use of machinery and technical equipment usually makes perfect sense but only within the parameters he sets up for each piece. There is also nearly always a twist involving a certain amount of pointlessness, a modicum of absurdity or a whiff of folly – this is one of his work's eccentric charms. Appreciated like this, you could say that Starling's work has more in common with drawing and dream machines or the work of Jean Tinguely, whose sculptural machines convey what machines usually don't, namely, an anarchistic spirit. Unorthodox reuse and reconfiguration of machines and technological know-how also implies a reassertion of control via creativity. In Starling's work, functional things keep functioning but not as they were originally intended. This reassignment of function in his work is usually laid bare, which ostensibly demystifies his interventions, but a quality, which leaves them strangely curious nonetheless. Conceptually, what Starling's machines and equipment primarily do is to produce surplus value in the form of art.

DE: In Sol LeWitt's 'Paragraphs on Conceptual Art' (Artforum, June 1967), he describes the execution of a conceptual art work 'as a perfunctory affair' and that the 'idea becomes a machine that makes the art'. In your conceptual work, that's only partially true, isn't it? Do you think that the possibilities and problems of artistic production is one of the main subjects of your work?

SS: I just saw the impressive installation of Sol LeWitt's wall drawings at MASS MoCA in the U.S. The execution of these is anything but 'perfunctory' – they are realized with extreme care, with real devotion in fact. I was told that in order to redo some of the early drawings, they had to persuade a pencil manufacturer to restart the production of 5H and 6H pencils that stopped some years ago. The differ-

zu ausgesprochener Liebe reichen, erfährt der Plot eine weitere Verdichtung.

Starlings Verwendung von Maschinen und technischen Geräten ist in der Regel unmittelbar nachvollziehbar, jedoch nur innerhalb der für die jeweilige Arbeit definierten Parameter. Daneben gibt es fast immer eine Art Wendung, bedingt durch ein gewisses Maß an Sinnlosigkeit, einen Funken Absurdität oder einen Anflug von Verrücktheit, worin gerade ein Teil des verschrobenen Reizes dieser Werke liegt. Dementsprechend könnte man sagen, dass Starlings Arbeiten eher Zeichnungen, Traummaschinen oder dem Werk Jean Tinguelys ähneln, dessen Maschinenskulpturen offenbaren, was Maschinen im Allgemeinen nicht zeigen: einen anarchischen Geist. Die unorthodoxe Wiederverwedung und Neukonfigurierung von Maschinen und technischem Know-how deutet aber auch ein Zurückerlangen der Herrschaft qua Kreativität an. In Starlings Arbeiten funktionieren funktionale Dinge zwar weiterhin, allerdings nicht in der ursprünglich ihnen zugedachten Weise. Diese Funktionsneuzuweisung wird meist offen zur Schau gestellt, wodurch seine Interventionen entmystifiziert werden, aber dennoch fremdartig und sonderbar wirken. Die konzeptuelle Leistung von Starlings Maschinen und Geräten liegt in der Erzeugung eines Mehrwertes in Form von Kunst.

DE: In seinem Aufsatz „Paragraphs on Conceptual Art" (Artforum, Juni 1967) beschreibt Sol LeWitt die Ausführung einer Konzeptkunst-Arbeit als

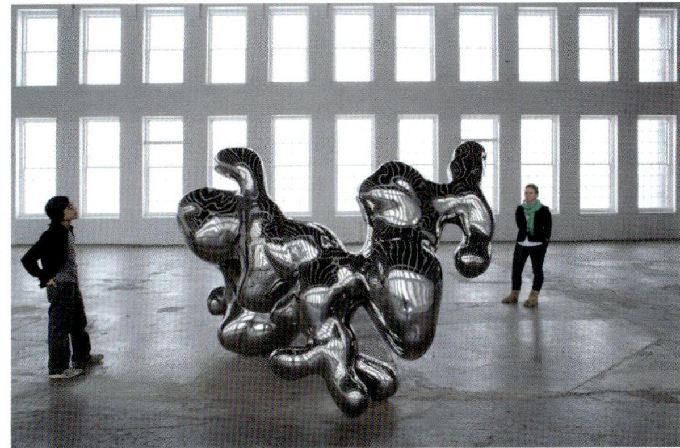

The Nanjing Particles, 2008

ence is that in LeWitt's case this is of no direct consequence to the work, while for me that kind of story might actually become a generative thing. It seems like an interesting moment to focus on the 'means of production' in their broadest sense, particularly as much art production increasingly has a direct relationship to other forms of production, most specifically in its global reach.

Certainly an investigation of this kind has been central to many works from the last few years. In fact the work I'm exhibiting at MASS MoCA this year, in a gallery adjacent to the LeWitt's, is a case in point. The Nanjing Particles *collapses a local Massachusetts story of strike-breaking Chinese shoemakers in nineteenth-century North Adams, onto an increasingly common pragmatic production solution: the economically driven fabrication of artworks in China. Two silver particles extracted from an 1870s stereo-image of the Chinese workers outside the Sampson shoe factory were enlarged one million times and forged in stainless steel in Nanjing, China, and now sit in one of MASS MoCA's vast post-industrial exhibition spaces back in North Adams.*

It's often a chicken-and-egg situation like this – the means of production both determining the direction of the work but also evolving from a 'fixed' starting point – in this case the discovery of the image of the shoemakers. However, that photograph might not have been the trigger it was if I had not been interested in America's obsession with the Chinese economy and the fact that much art fabrication is

„reinen Routineakt" und die zugrunde liegende Idee als „Maschine, die Kunst produziert". Auf deine konzeptuellen Arbeiten trifft dies nur begrenzt zu, nicht wahr? Bist du der Ansicht, dass eines der wesentlichen Themen deiner Arbeit Möglichkeiten und Probleme der künstlerischen Produktion sind?

SS: Ich habe mir in den USA gerade eine eindrucksvolle Installation von Sol LeWitts Wandzeichnungen im MASS MoCA angesehen, deren Ausführung alles andere als ein „Routineakt" ist, denn sie wurden mit äußerster Sorgfalt, ja mit Hingabe umgesetzt. Man erzählte mir, dass man für die erneute Ausführung einiger der älteren Arbeiten einen Bleistifthersteller überredete, die vor Jahren eingestellte Produktion von Bleistiften der Härte 5H und 6H wieder anlaufen zu lassen. Der Unterschied liegt darin, dass dies im Fall LeWitts keine direkte Auswirkung auf das eigentliche Werk hat, während eine solche Geschichte für mich von durchaus produktiver Bedeutung ist. Ich finde es interessant, sich auf die „Produktionsmittel" im weitesten Sinne zu konzentrieren – insbesondere da ein großer Teil der künstlerischen Produktion vor allem auf globaler Ebene zunehmend in unmittelbarer Beziehung zu anderen Produktionsformen steht.

Zweifellos ist eine derartige Untersuchung für viele Arbeiten der letzten Jahre von wesentlicher Bedeutung. Tatsächlich handelt es sich bei der Arbeit, die ich dieses Jahr im MASS MoCA ausstelle, und zwar in einem Raum, der sich an Sol LeWitts Raum anschließt, um ein typisches Beispiel hierfür. In der Ausstellung The Nanjing Particles *treffen die mit Massachusetts verbundene lokale Geschichte streikbrechender chinesischer Schuster im amerikanischen North Adams des 19. Jahrhunderts und eine zunehmend geläufige Produktionsart aufeinander – die fabrikmäßige Herstellung von Kunstwerken in China. Zwei Silberpartikel, herausgelöst aus einer stereoskopischen Fotografie von chinesischen Arbeitern vor der Sampson-Schuhfabrik aus den 1870er Jahren, wurden einmillionenfach vergrößert und im chinesischen Nanjing in Edelstahl nachge-*

now happening in China – sometimes, I suspect, without the artists involved even knowing it. The forging of the work in this instance seemed somehow apt: the more you work, the more you buff and polish, the less your work is visible. All you are left with is a distorted image of yourself.

(III) ARTIFICE AND HEATING

Some years ago now, Starling produced *Kakteenhaus* (Cactus House, 2002) for Portikus, Frankfurt when that institution still occupied the improvised building behind the Neoclassical façade of a former library destroyed in World War II. The piece entailed the digging up of a cereus cactus growing in Europe's only desert, the Tabernas Desert in Andalusia, Spain. The cactus was apparently planted as a prop on a location used by director Sergio Leone in shooting what have become known as spaghetti westerns. Starling transported the potted cactus to Frankfurt in a 1982 red Volvo 240 station wagon. On arrival, the car was parked outside the exhibition space while its engine was taken inside and reconnected to the car body through a series of pipes. While running, the warmth of the engine turned the art space into an improvised hothouse, thereby providing suitable conditions for the cactus to hopefully flourish in during the exhibition.

Six years later, the same cactus will make a new journey, this time to the Kunsthalle, and once again the red Volvo will provide the warmth that the cactus needs in the massive hall. One can imagine, given the nature of the building, that the installation aspect of this project with its wall-mounted pipes could easily be mistaken for part of the architecture. Opening in the middle of winter, the climatic shift within the space is intended to be obvious and perhaps points to the artificiality or constructed nature of every fine art context. At the same time, turning an art venue into a desert is an open metaphor, which

schmiedet. Jetzt befinden sie sich wieder in North Adams, in einem der großen postindustriellen Ausstellungsräume des MASS MoCA.

Es geht hierbei häufig um die berühmte Frage nach der Henne und dem Ei – die Produktionsmittel bestimmen einerseits die Richtung der Arbeit, andererseits gehen sie von einem „festen" Ausgangspunkt aus, im vorliegenden Fall von der Entdeckung der Fotografie der Schuster. Allerdings wäre jene Fotografie vielleicht nicht der Auslöser gewesen, hätte mein Interesse nicht der amerikanischen Obsession für die chinesische Wirtschaft und der Tatsache gegolten, dass ein Großteil der Kunstproduktion heute in China stattfindet, vermutlich manchmal ohne dass die beteiligten Künstler davon wissen. Das Schmieden der Arbeit erschien mir im vorliegenden Fall irgendwie passend – je mehr Arbeit man investiert, je mehr man putzt und poliert, desto unsichtbarer wird die eigentliche Arbeit – bis letztlich nur das eigene verzerrte Abbild übrig bleibt.

(III) KUNSTFERTIGKEIT UND BEHEIZUNG

Vor einigen Jahren zeigte Starling im Frankfurter Portikus die Arbeit *Kakteenhaus* (2002). Damals befand sich der Ausstellungsraum noch in einem Behelfsbau hinter der neoklassizistischen Fassade einer im Zweiten Weltkrieg zerstörten Bibliothek. Für diese Arbeit grub Starling in der andalusischen Tabernas-Wüste, Europas einziger Wüstenlandschaft, einen Cereus-Kaktus aus. Der Kaktus war allem Anschein nach als Requisite gepflanzt worden und war Teil der Kulisse von Sergio Leones Italowestern. Starling beförderte den eingetopften Kaktus in einem roten Volvo 240 Kombi, Baujahr 1982, nach Frankfurt. Dort angekommen, wurde der Wagen vor dem Ausstellungsraum abgestellt, während man den Motor ausbaute, ins Innere des Raums schaffte und mittels einer Reihe von Rohren und Schläuchen erneut mit dem Fahrzeug verband. Der laufende Motor verwandelte den Ausstellungsraum in ein improvisiertes Gewächshaus

can be read this way or that depending on what one thinks of deserts.

DE: Thinking of the Kakteenhaus . . . *was it really part of the point to imagine that the institutional space is analogous to a desert or film set? Was the work meant to be self-contained and sit like an alien craft in the space?*

SS: That's funny. Gabriel Orozco actually made a show in the same Portikus space a few years before mine that transformed it into a Mexican beach. Perhaps Portikus was just one of those spaces that invited such propositions – it was almost a dematerialized space in some sense, or malleable at least – a film set of an exhibition space perhaps. It certainly invited comparisons with the faux Wild West saloon façades in the Spanish desert but was never intended as a piece of institutional critique in that sense – a cultural desert or whatever. I think in fact it was as much about evoking greenhouse architecture as it was about landscape. Although greenhouses are of course a kind of dislocated landscape.

(IV) CLIMATE CONTROL AND MATERIAL VERACITY

The exhibition in the Kunsthalle is constructed much like a drama in three acts, the third work being the most physically present in the space. Picking up again on the non-archival conditions of the space, Starling decided on the re-erection of his *Plant Room* (2008). This work consists of an elegant, arched mud brick structure – a climate controlled room-within-a-room – for the display of vintage photographs by Karl Blossfeldt. Mud brick is one of the most ancient building materials and is ideally suited to maintaining the requisite temperature of the space it encloses. Exposed to the public (as if the viewer were backstage or in a utility room), a hi-tech hydrogen fuel cell driving a pump brings fresh water into the room via a system of plastic pipes in order to achieve the appropriate humidity. (Interestingly, Starling told me he was interested in displaying some

und schuf so die angemessenen Bedingungen für eine erhoffte Blüte des Kaktus während der Dauer der Ausstellung.

Sechs Jahre später wird derselbe Kaktus erneut auf eine Reise geschickt, deren Ziel diesmal die Kunsthalle ist, und wieder wird der rote Volvo den gewaltigen Raum mit der für den Kaktus erforderlichen Wärme versorgen. Angesichts der Art des Baus kann man sich leicht vorstellen, dass der installative Aspekt dieses Projekts mit seiner an den Wänden angebrachten Rohrkonstruktion als ursprünglicher Teil der Architektur missverstanden werden könnte. Aufgrund der im Winter stattfindenden Eröffnung der Ausstellung soll die klimatische Verschiebung innerhalb des Raums offenbar werden und damit möglicherweise auf die allgemeine Artifizialität oder Konstruktivität jedes Kunstkontextes verweisen. Gleichzeitig fungiert die Verwandlung eines Kunstortes als augenscheinliche Metapher, die sich, abhängig von den eigenen Vorstellungen hinsichtlich einer Wüste, auf die eine oder andere Art deuten lässt.

DE: *Gehörte es im Fall von* Kakteenhaus *zur Pointe, dass es sich beim institutionellen Raum zum Teil um eine Wüste und zum Teil um eine Filmkulisse handelt, oder sollte die Arbeit in sich geschlossen sein und wie ein Außerirdischer im Kontext des Raums ruhen?*

SS: *Das ist lustig. Gabriel Orozco hat tatsächlich einige Jahre vor meiner eigenen eine Ausstellung im selben Portikus-Raum gemacht, bei der er diesen in einen mexikanischen Strand verwandelte. Vielleicht gehörte der Portikus einfach zu jenen Räumen, die zu so etwas einladen – er war in gewisser Weise fast ein entmaterialisierter, zumindest jedoch ein verformbarer Raum – die Filmkulisse eines Ausstellungsraums meinetwegen. Zweifellos lud er zu Vergleichen mit den Fake-Westernsaloon-Fassaden in der spanischen Wüste ein, wollte jedoch keinesfalls als Institutionskritik in diesem Sinne verstan-*

of the lesser known Blossfeldt prints that actually portray roots, a subject which the catalogue essays accompanying the first showing of *Plant Room* explore in depth.) In this exhibition, *Kakteenhaus* and *Plant Room* both achieve microclimates although in a contrary fashion vis-à-vis each other. Both works involve energy equations and transference. In all three works, nature is somehow uprooted, displaced and reframed. The function or use value of these displacements can't be understood in any other sense than as art. There is something decidedly utopian about the improbability of Starling's projects and the effort they entail.

From the outset, the subject of Simon Starling's work has been the labor expended to produce it. He displays the end result of carefully planned processes, and although the viewer only sees a reconstructed object, they are encouraged to consider the story behind its construction and transformation. . . . Pondering his absurd quests and backwards transformations, we are prompted to consider through contrast and connection the prosaic rather than poetic movements of commodities across the world from regions of poverty to those of wealth. But we only do this because his work activates many different faculties, visual and verbal, in the here-and-now of our encounter.
Mark Godfrey, 'Simon Starling', *frieze*, October 2005

SS: *At root,* Plant Room *evolved from a bloody-minded approach to a particular site. I was told by the curator Bärbel Vischer that I could do anything in the Dornbirn space apart from showing vintage photographs, so that's exactly what I decided to do. In some sense Blossfeldt's photographs apply a technological understanding to plants – 'a logic of effectiveness' as he himself called it. He looked for the kind of order in plants that Renger-Patzsch found in industrial architecture and while this was initially an aesthetic order – Blossfeldt's was more concerned with a decorative tradition than a scientific one – you can't help but hear someone like Goethe talking*

den werden – als kulturelle Wüste oder Ähnliches. Ich glaube, tatsächlich ging es bei Kakteenhaus ebenso sehr um das Evozieren von Gewächshausarchitektur wie um Landschaft. Obwohl es sich bei Gewächshäusern natürlich selbst um eine Art von aus den Fugen geratener Landschaft handelt.

(IV) KLIMAREGELUNG
UND MATERIELLE WAHRHAFTIGKEIT

Die Ausstellung in der Kunsthalle ist im Wesentlichen wie ein Drama in drei Akten angelegt, wobei die dritte Arbeit innerhalb des Raums die größte physische Präsenz besitzt. Erneut die nicht-archivarischen Bedingungen des Raums aufgreifend, entschied sich Starling für einen Wiederaufbau seiner Arbeit *Plant Room* (2008). Sie besteht aus einem eleganten gewölbten Bau aus Lehmziegeln – ein klimagesicherter Raum im Raum – zur Präsentation von Originalabzü-

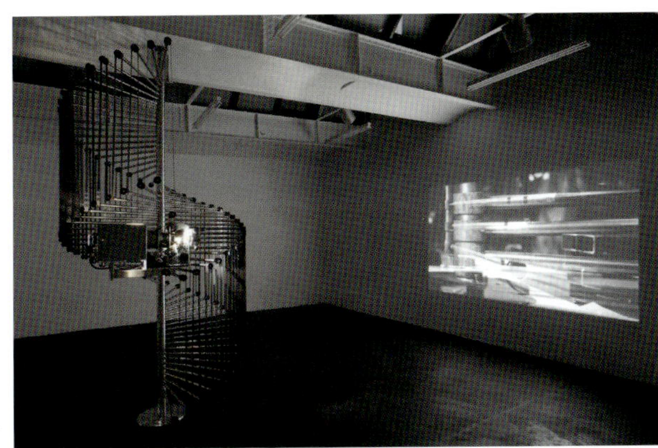

Wilhelm Noack oHG, 2006

gen einiger Fotografien von Karl Blossfeldt. Lehmziegel zählen zu den ältesten Baumaterialien überhaupt und eignen sich ideal zur Klimaregulierung. Sichtbar angebracht (als befände sich der Besucher hinter den Kulissen oder in einer Waschküche), befördert eine von einer Hightech-Wasserstoff-Brennstoffzelle angetriebene Pumpe zur Erzeugung der angemessenen Luftfeuchtigkeit über ein System von Kunststoffröhren frisches Wasser in den Raum. (Starling verriet mir, sein Interesse habe dabei vor allem der Präsentation einiger der weniger bekannten Blossfeldt-Abzüge gegolten, Fotografien von Wurzeln, eine Tatsache, auf die in den Katalogbeiträgen zur

Materiality for Starling involves attention to detail and the reading of materials and objects as clues. The objects in his works possess something like the status of evidence or artefacts rather than being purely sculpture or installation components. The works rely on or test the ability of the viewer to recognize the narrative contained in all the material or to unlock the memory within material. Accordingly, his method has often been compared to that of a writer who employs *things* instead of words. The material manifestations of Starling's work necessarily vary from project to project. Each on of them involves experts in specific fields who probably wouldn't normally come together such as boat builders, plumbers, mud brick makers, art historians or art critics. For Starling, 'materials have to have a certain veracity'. Once he has conceived of a project, the materials, their transformation or the journey that they embark on all leave traces, which make them carriers of the art idea. And especially because many of his works entail a degree of improbability or implausibility, the belief of the viewer should never be suspended.

ersten Präsentation von *Plant Room* bereits ausführlich eingegangen wurde.) In der vorliegenden Ausstellung wird sowohl im Fall von *Kakteenhaus* als auch im Fall von *Plant Room* ein Mikroklima erzeugt, wenn auch auf jeweils gegensätzliche Art und Weise. In beiden Arbeiten geht es um ein Energiegleichgewicht sowie um Energieübertragung. In allen drei Arbeiten wiederum wird die Natur gewissermaßen entwurzelt, verschoben und neu gefasst. Die Funktion beziehungsweise der Gebrauchswert dieser Verschiebungen lässt sich auf keine andere Weise begreifen denn als Kunst. Bedeutungen oder potenzielle Bedeutungen entstehen durch die Auseinandersetzung des Betrachters mit ihr. Das „Unwahrscheinliche"von Starlings Projekten und der in ihnen betriebene Aufwand besitzen ausgesprochen utopische Züge.

Von Anfang an hatten Simon Starlings Arbeiten die in sie investierte Arbeit zum Thema. Der Künstler präsentiert dabei das Ergebnis sorgsam geplanter Prozesse, und obwohl der Betrachter lediglich ein rekonstruiertes Objekt zu Gesicht bekommt, ist er dazu aufgefordert, sich Gedanken über die Geschichte hinter dessen Konstruktion und Transformation zu machen [...]. Bei der Betrachtung seiner absurden Untersuchungen und Rückverwandlungen fühlen wir uns dazu ermutigt, uns mittels Gegenüberstellung und Verknüpfung mit den eher prosaischen als poetischen weltweiten Warenbewegungen von den armen zu den wohlhabenden Regionen auseinanderzusetzen. Dies tun wir jedoch nur, weil durch Starlings Arbeiten zahlreiche verschiedene visuelle und verbale

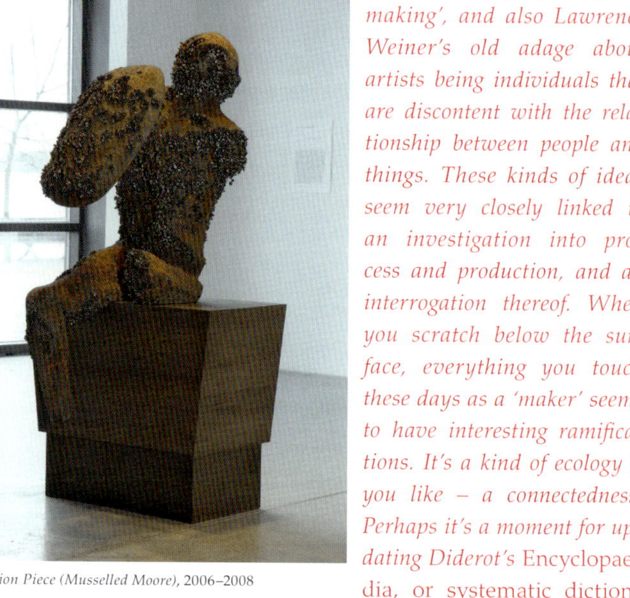

Infestation Piece (Musselled Moore), 2006–2008

DE: *There is a technical aspect of your work – the machines and special processes involved, not to mention the challenges set by unorthodox use or making things do things they ought not to. It seems to me that very generally speaking, technical processes haven't been considered an art material or as potentially inspiring aesthetic fields. Do you have any thoughts on this?*

SS: *I like Jacques Rancière's statement that 'artistic practices are "ways of doing and making" that intervene in the general distribution of ways of doing and making', and also Lawrence Weiner's old adage about artists being individuals that are discontent with the relationship between people and things. These kinds of ideas seem very closely linked to an investigation into process and production, and an interrogation thereof. When you scratch below the surface, everything you touch these days as a 'maker' seems to have interesting ramifications. It's a kind of ecology if you like – a connectedness. Perhaps it's a moment for updating Diderot's Encyclopaedia, or systematic dictionary of the sciences, arts and crafts – a twenty-first century take on this massive eighteenth-century tome?*

(V) STRAY ENDS

DE: *In many of your works there is a moment of rupture when process becomes product. Is that how you see it too?*

SS: *I don't really see it as a rupture. If the work functions, then the product, as you call it, should*

Fähigkeiten im Hier und Jetzt unserer Begegnung mit ihnen angeregt werden.
Mark Godfrey, „Simon Starling", *frieze,* Oktober 2005

SS: Im Grunde verdankt sich Plant Room *einer sturen Annäherung an einen bestimmten Ort. Die Kuratorin Bärbel Vischer sagte mir damals, ich könne in dem Ausstellungsraum in Dornbirn alles machen, nur keine alten Originalfotografien zeigen, und daher entschloss ich mich, genau das zu tun. In gewisser Weise übertragen Blossfeldts Fotografien eine technische Auffassung auf Pflanzen – „eine Logik der Effektivität", wie er selbst es nannte. Er suchte bei den Pflanzen nach jener Art von Ordnung, die Renger-Patzsch in der Industriearchitektur fand, und auch wenn es sich ursprünglich um eine ästhetische Ordnung handelte – Blossfeldts Interesse galt eher einer dekorativen Tradition als einer wissenschaftlichen –, hört man unweigerlich hinter dem Rücken des Fotografen, der auf die Mattscheibe seiner Kamera blickt, die Stimme Goethes über eine auf exakter, sorgsamer Anschauung beruhende Wissenschaft sprechen. So gesehen vermitteln die Fotografien ein zeitgenössisches Gefühl, denn obwohl sie etwas über unsere derzeitige Beschäftigung mit hybriden Hightech/Lowtech-Lösungen auszusagen scheinen, spiegeln sie doch auch bloß die Dringlichkeit einer Verbundenheit mit der Natur wider.*

Materialität hat für Starling mit einem Sinn für Details und der Deutung von Materialien und Objekten als Indizien zu tun. Die Objekte innerhalb seiner Arbeiten sind nicht bloß Teil einer Skulptur oder Installation, sondern besitzen den Status eines Belegs oder Artefakts. Die Arbeiten sind einerseits von der Fähigkeit des Betrachters abhängig, die im Material verborgene Erzählung zu erkennen beziehungsweise die materiell gefassten Erinnerungen zu entschlüsseln, und andererseits stellen sie diese Fähigkeit auf die Probe. Dementsprechend wird Starlings Arbeitsweise häufig mit der eines Schriftstellers verglichen, der sich anstelle von Wörtern mit den Dingen

carry the process with it. This might be as scars from a transformation, such as in Shedboatshed (Mobile Architecture No 2) *or as a growth, as in* Infestation Piece (Mussdled Moore) *– rust and mussel shells marking the surface of a sculpture after eighteen months underwater. I guess the work of the last few years has tried to deal with the problem of trying to carry the tacit process and research into the final exhibition in a more proactive sense – making it explicit. Perhaps* Wilhelm Noack oHG *does this in the most succinct way: an elegant film-loop machine built by fabricators in Berlin displays a short film about just that company. It's an elaborated 'Box with the Sound of Its Own Making' if you like, a rhetorical structure that allows the work to document its own making at the same time as bringing into play a great swath of Berlin history.*

Starling's work presents itself in an after-the-fact manner. After a period of research, the process is initiated, perhaps a conceptual journey connecting tangible material and the intangibles of ideas and histories. The viewer may have to work backwards in order to arrive at the work in the present. The action is often elsewhere. In his works, nothing goes to waste, and nothing seems superfluous. They welcome every association and all possible related knowledge. Though grounded like artistic versions of scientific experiments with controlled outcomes, they also merge thoroughness and whimsy. Knowing how things might work, or be made or refashioned, is for Starling akin to approaching what they might mean or be made to mean.

beschäftigt. Die materielle Erscheinung seiner Arbeiten variiert von Projekt zu Projekt. Jedes von ihnen erfordert die Mitwirkung von Spezialisten auf verschiedensten Gebieten, die unter normalen Umständen vermutlich nicht aufeinander treffen würden, beispielsweise Schiffsbauer, Installateure, Lehmziegelmacher, Kunsthistoriker oder -kritiker. Für Starling müssen „Materialien [...] eine bestimmte Wahrhaftigkeit besitzen". Sobald er ein Projekt konzipiert hat, hinterlassen sämtliche Materialien, ihre Transformation oder die von ihnen zurückgelegte Reise ihre Spuren, die sie zu Trägern der künstlerischen Idee machen. Und insbesondere weil viele von Starlings Arbeiten sich durch eine gewisse Unwahrscheinlichkeit oder Unglaubwürdigkeit auszeichnen, ist der Glaube des Betrachters unter keinen Umständen zu vernachlässigen.

DE: Deine Arbeiten verfügen über einen technischen Gesichtspunkt: die zum Einsatz kommenden Maschinen und speziellen Prozesse, ganz zu schweigen von den Herausforderungen durch die unorthodoxe Verwendung oder Herstellung von Dingen, die Dinge tun, die sie eigentlich nicht tun sollten. Mir scheint, bislang gelten technische Prozesse, allgemein gesprochen, nicht als künstlerisches Material oder als Möglichkeit zur Anregung ästhetischer Bereiche. Wie denkst du selbst darüber?

SS: Mir gefällt Jacques Rancières Aussage, dass „künstlerische Praktiken ‚Aktions- und Produktionsmethoden' sind, die sich in den allgemeinen Vertrieb von Aktions- und Produktionsmethoden einschleichen", ebenso wie Lawrence Weiners alter Spruch vom Künstler als mit der Beziehung zwischen Menschen und Dingen unzufriedenem Individuum. Derartige Vorstellungen scheinen eng mit einer Untersuchung von Prozess und Produktion und einer Befragung derselben zusammenzuhängen. Kratzt man heute als „Produzent" an der Oberfläche, so scheint alles, auf das man dabei stößt, sich durch irgendwelche interessanten Verzweigungen auszuzeichnen. Es geht hier um eine Art Ökologie, könn-

te man sagen – um einen Gesamtzusammenhang. Vielleicht ist es ja an der Zeit für eine Aktualisierung von Diderots Enzyklopädie, *für eine Version dieses großen Werks des 18. Jahrhunderts für das 21. Jahrhundert?*

DE: In vielen deiner Arbeiten kommt es zu einer Art Bruch, sobald ein Prozess zum Produkt wird. Siehst du das auch so?

SS: Ich sehe das eigentlich nicht als Bruch. Wenn die Arbeit funktioniert, muss das Produkt, wie du es nennst, den Prozess transportieren – und zwar im Sinne von Narben einer Transformation wie bei Shedboatshed (Mobile Architecture, No 2) *oder im Sinne von Wachstum wie bei* Infestation Piece (Musselled Moore), *wobei Rost und Muscheln die Oberfläche einer Skulptur bestimmen, die sich achtzehn Monate unter Wasser befunden hat. Ich glaube, in den vergangenen Jahren habe ich mich in meinen Arbeiten mit dem Problem auseinandergesetzt, den impliziten Prozess zu transportieren und der endgültigen Ausstellung in initiativerer Weise auf den Grund zu gehen – sie zu verdeutlichen. Vielleicht gelingt das am prägnantesten bei meiner Arbeit* Wilhelm Noack oHG – *darin projiziert eine elegante Filmloop-Apparatur, angefertigt von einem Berliner Metallbauunternehmen, einen Kurzfilm über ebendiese Firma. Es ist eine Art kunstvolle „Schachtel mit dem Klang ihrer eigenen Herstellung", wenn man so will, eine rhetorische Struktur, die es der Arbeit erlaubt, ihre eigene Produktion zu dokumentieren und gleichzeitig einen wichtigen Bereich der Geschichte Berlins quasi in Gang zu setzen.*

Starlings Arbeiten stellen sich in einer „postfaktischen" Weise dar. Nach einer anfänglichen Forschungsphase wird der entsprechende Prozess in Gang gesetzt, beispielsweise eine gedankliche Reise unternommen, durch die eine Beziehung zwischen greifbarer Materie und immateriel-

len Vorstellungen und Geschichten hergestellt wird. Der Betrachter muss dabei unter Umständen rückwärts gehen, um in der Gegenwart der Arbeit anzukommen. Die eigentliche Handlung spielt sich häufig anderswo ab. In diesen Arbeiten erscheint nichts nutzlos oder überflüssig. Alle Assoziationen und eventuell zugehörige Einsichten sind willkommen. Obwohl auf einer künstlerischen Version wissenschaftlicher Experimente mit überprüften Ergebnissen basierend, verbindet sich in ihnen Gründlichkeit mit Launenhaftigkeit. Zu wissen, wie die Dinge funktionieren oder gestaltet beziehungsweise neu gestaltet sind, ähnelt für Starling einer Annäherung an das, was sie bedeuten oder zu bedeuten beabsichtigen.

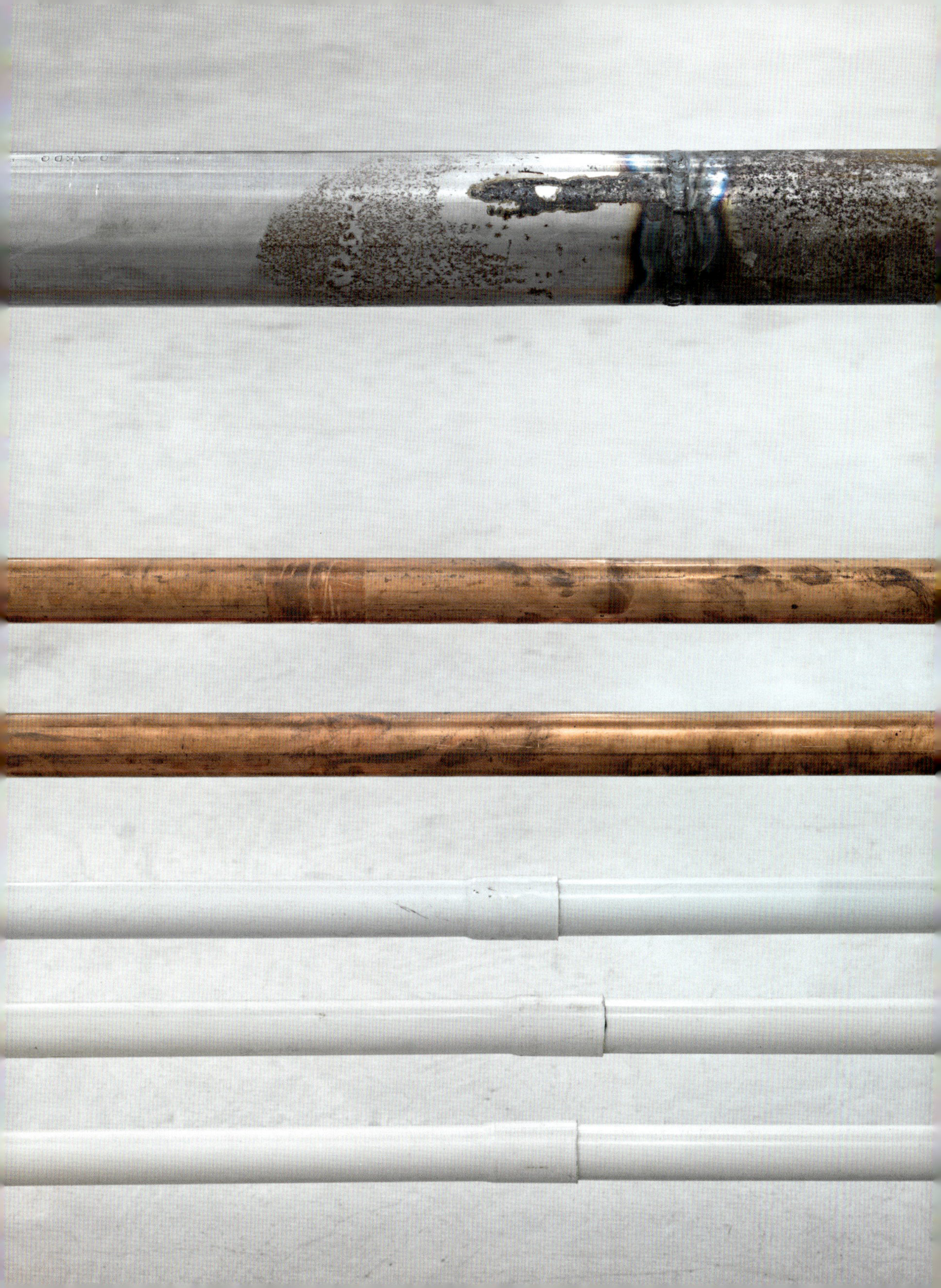

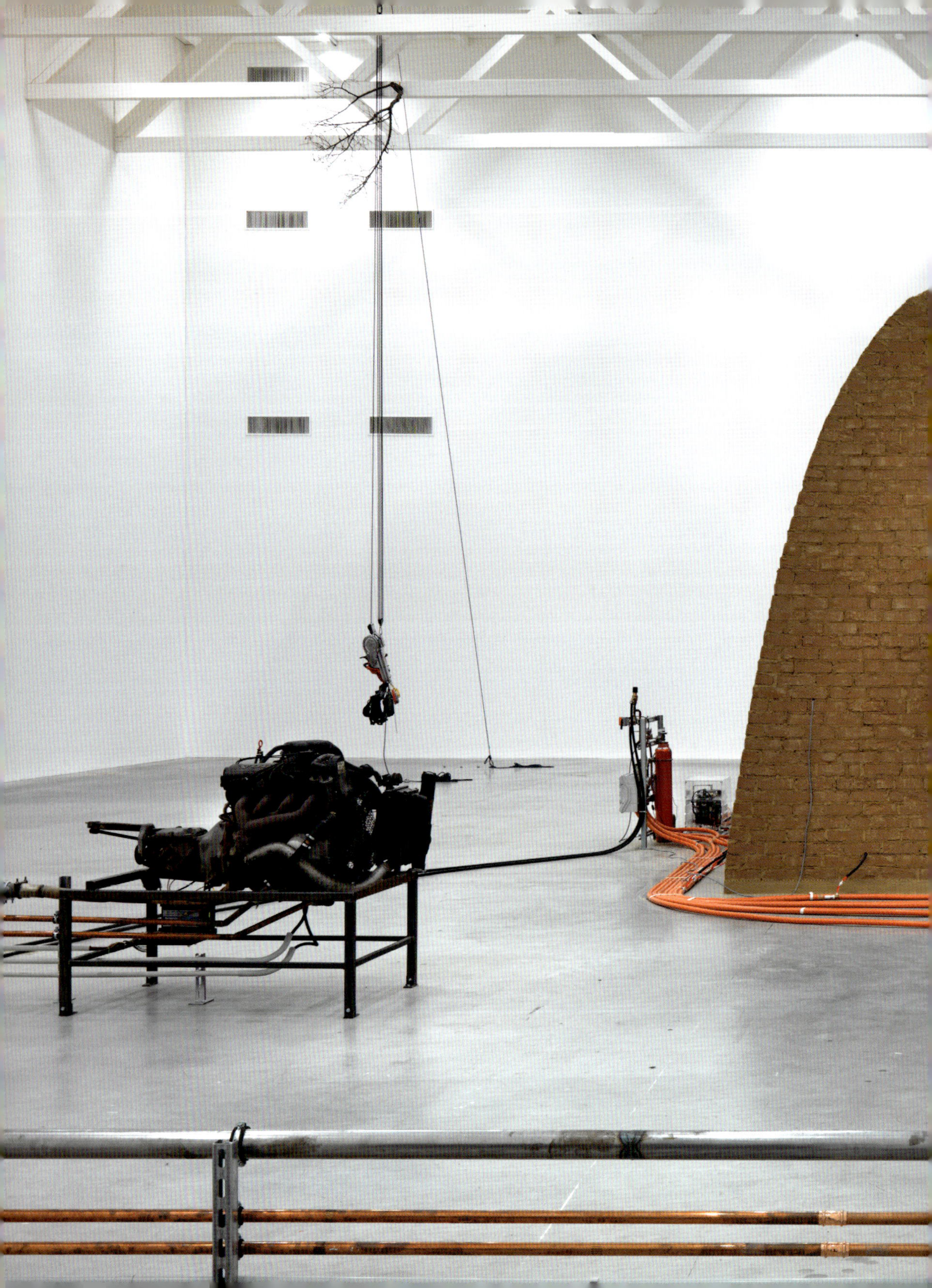

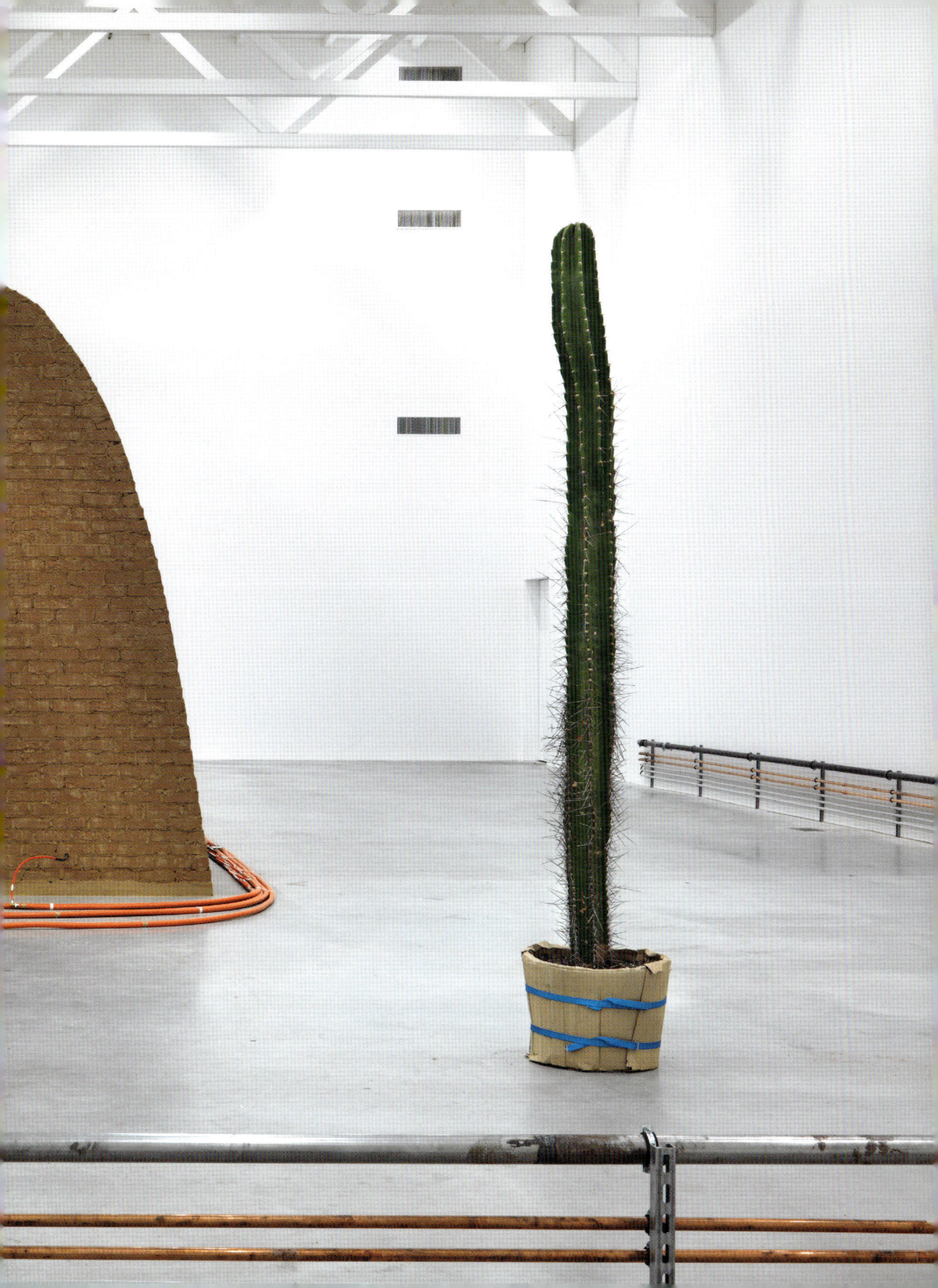

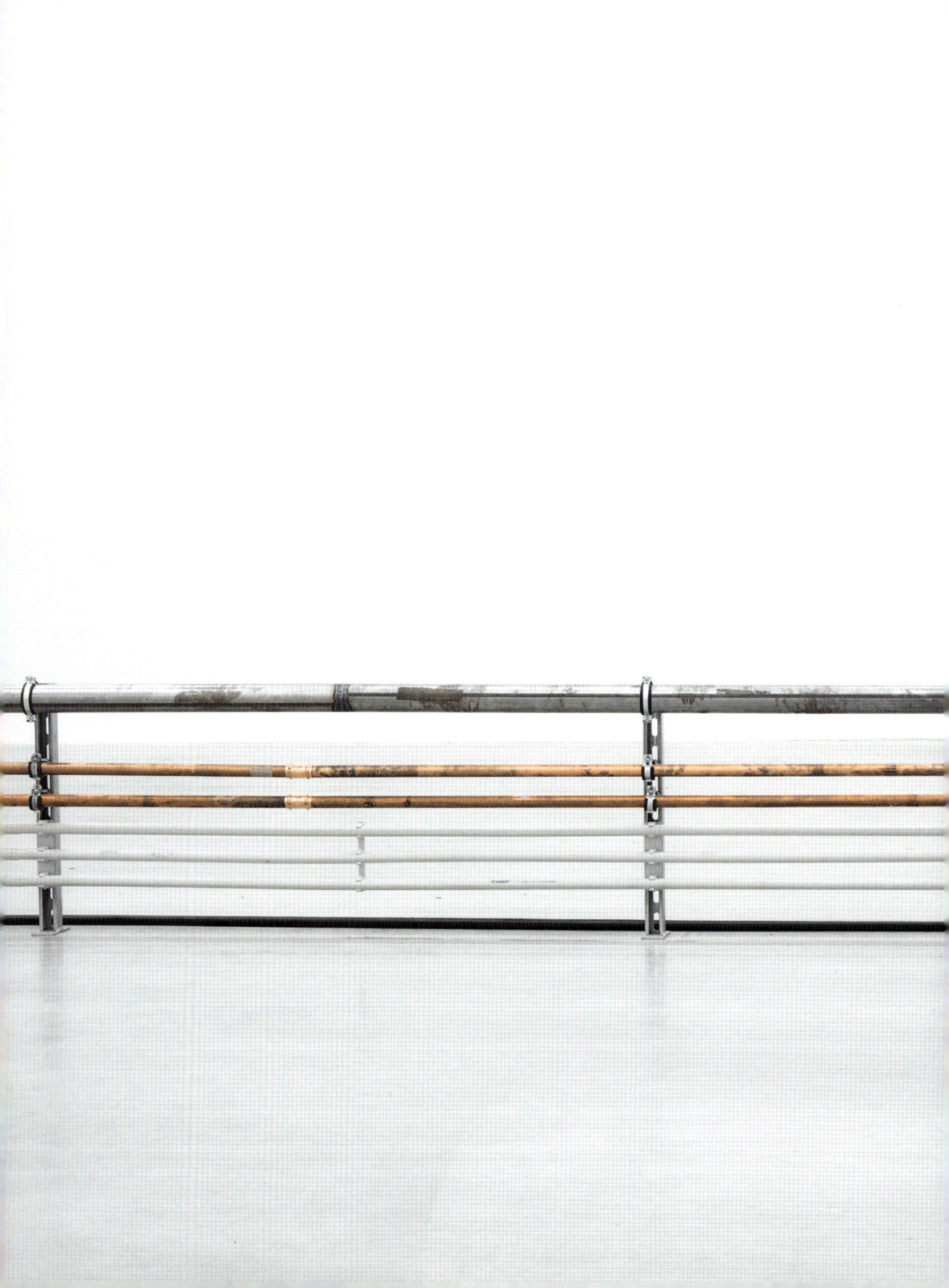

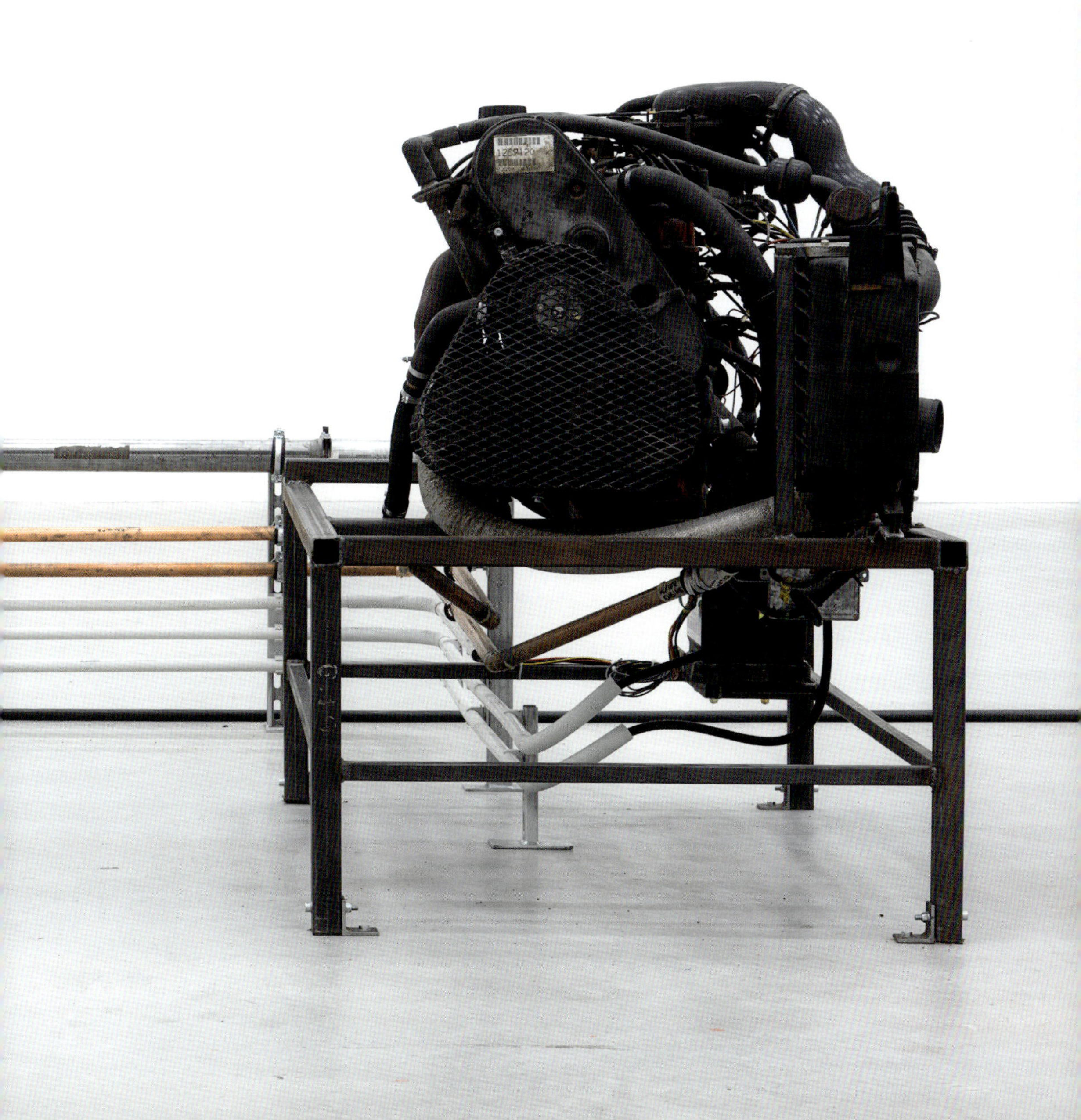

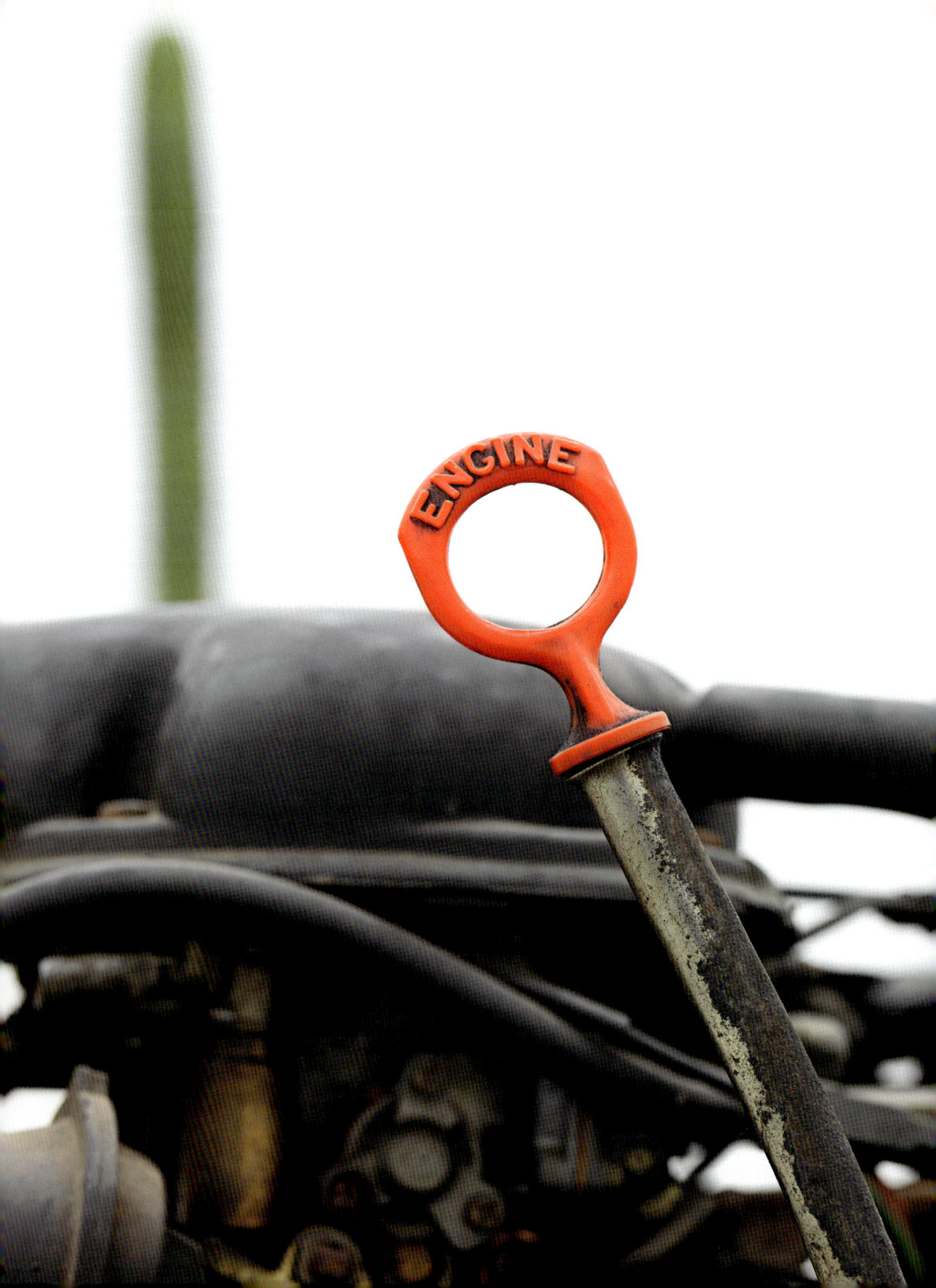
ENGINE

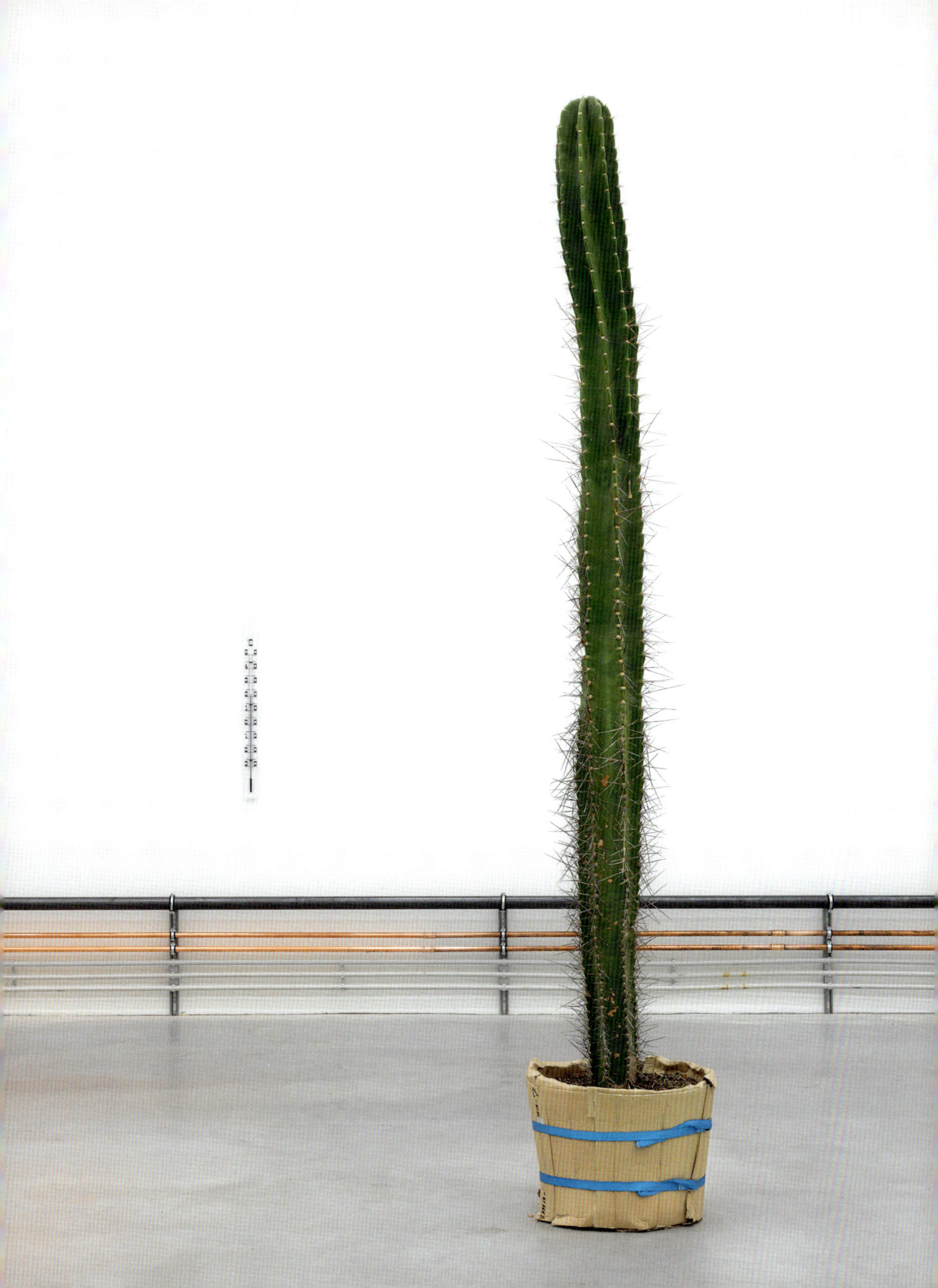

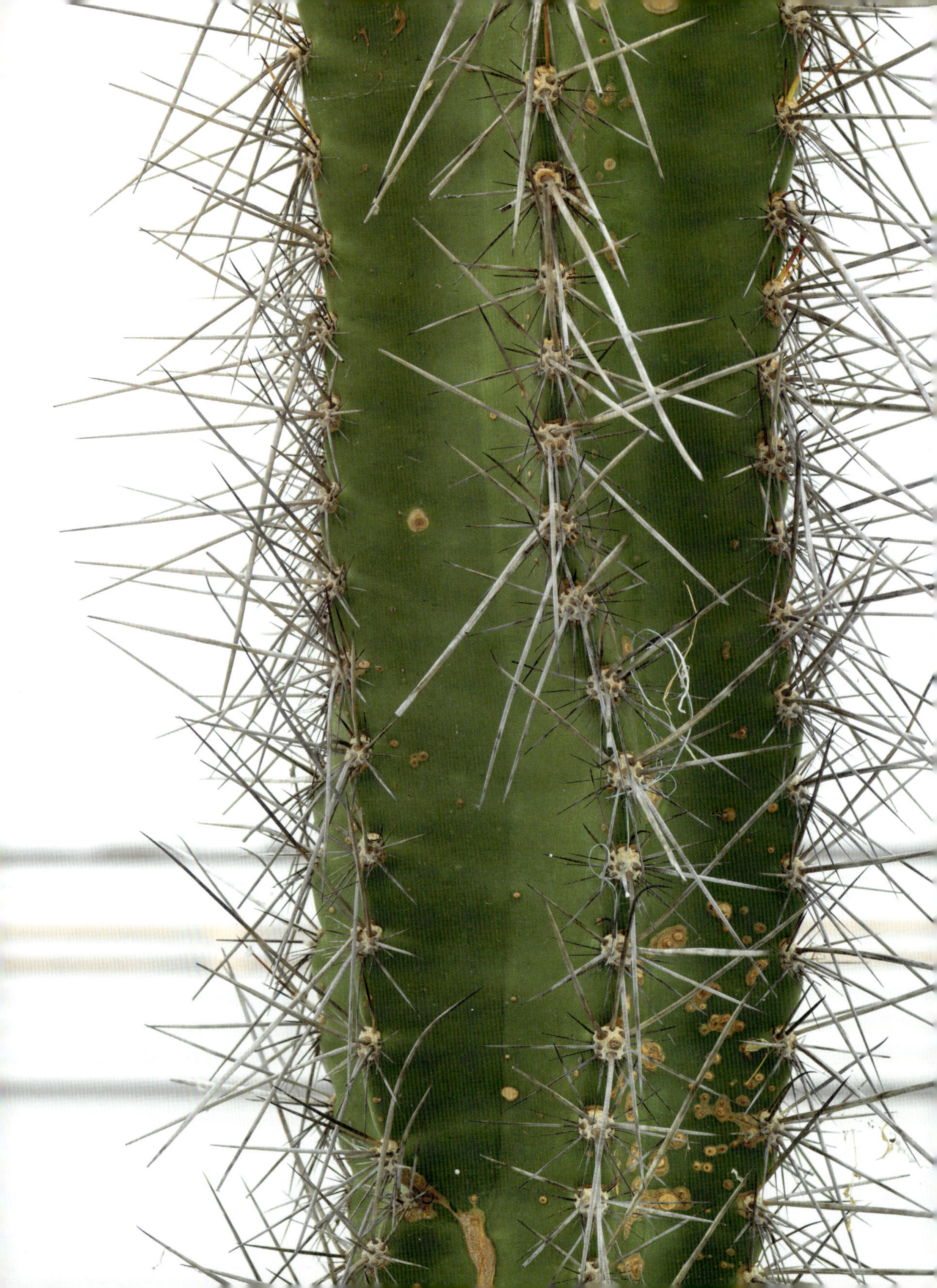

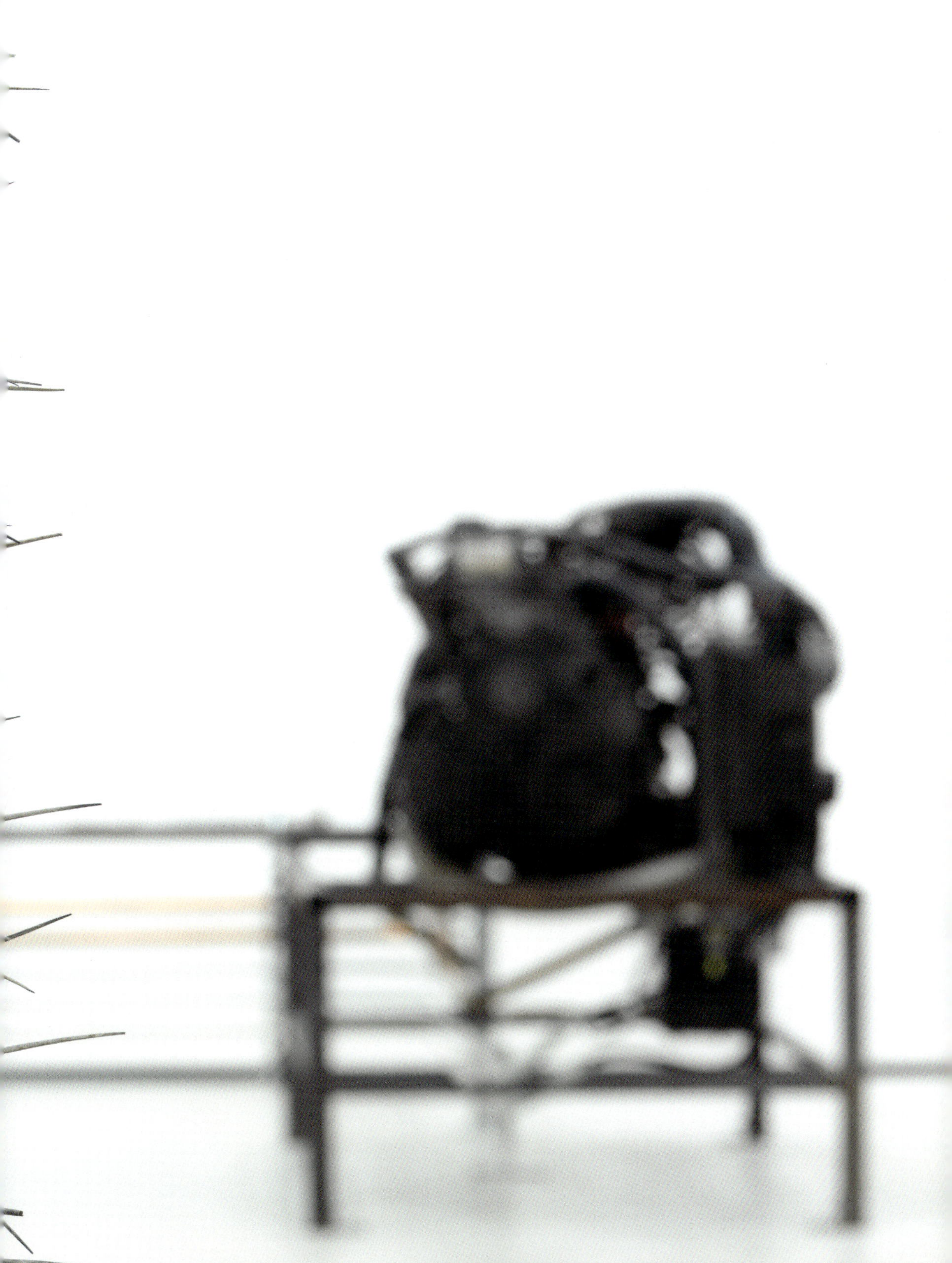

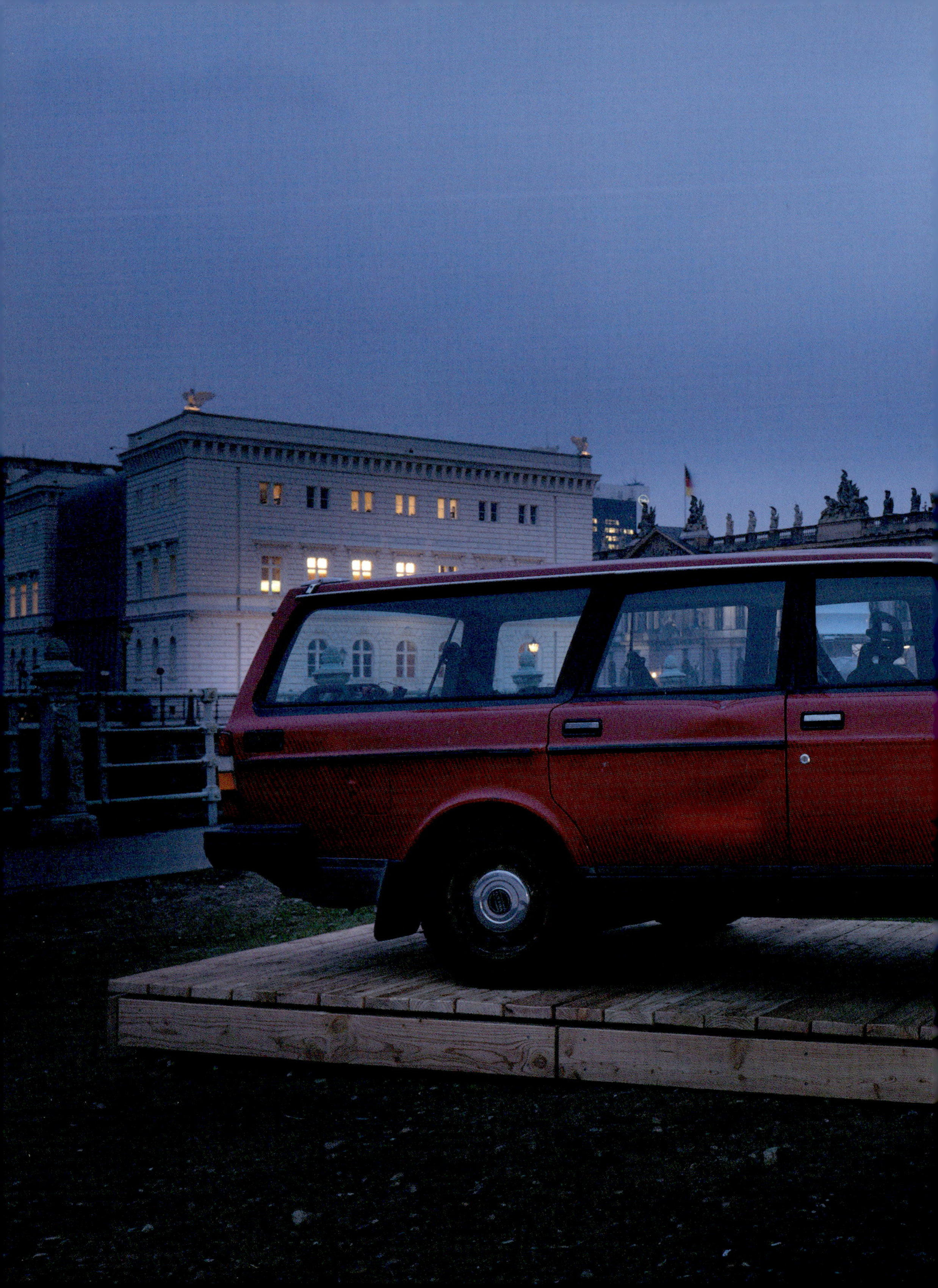

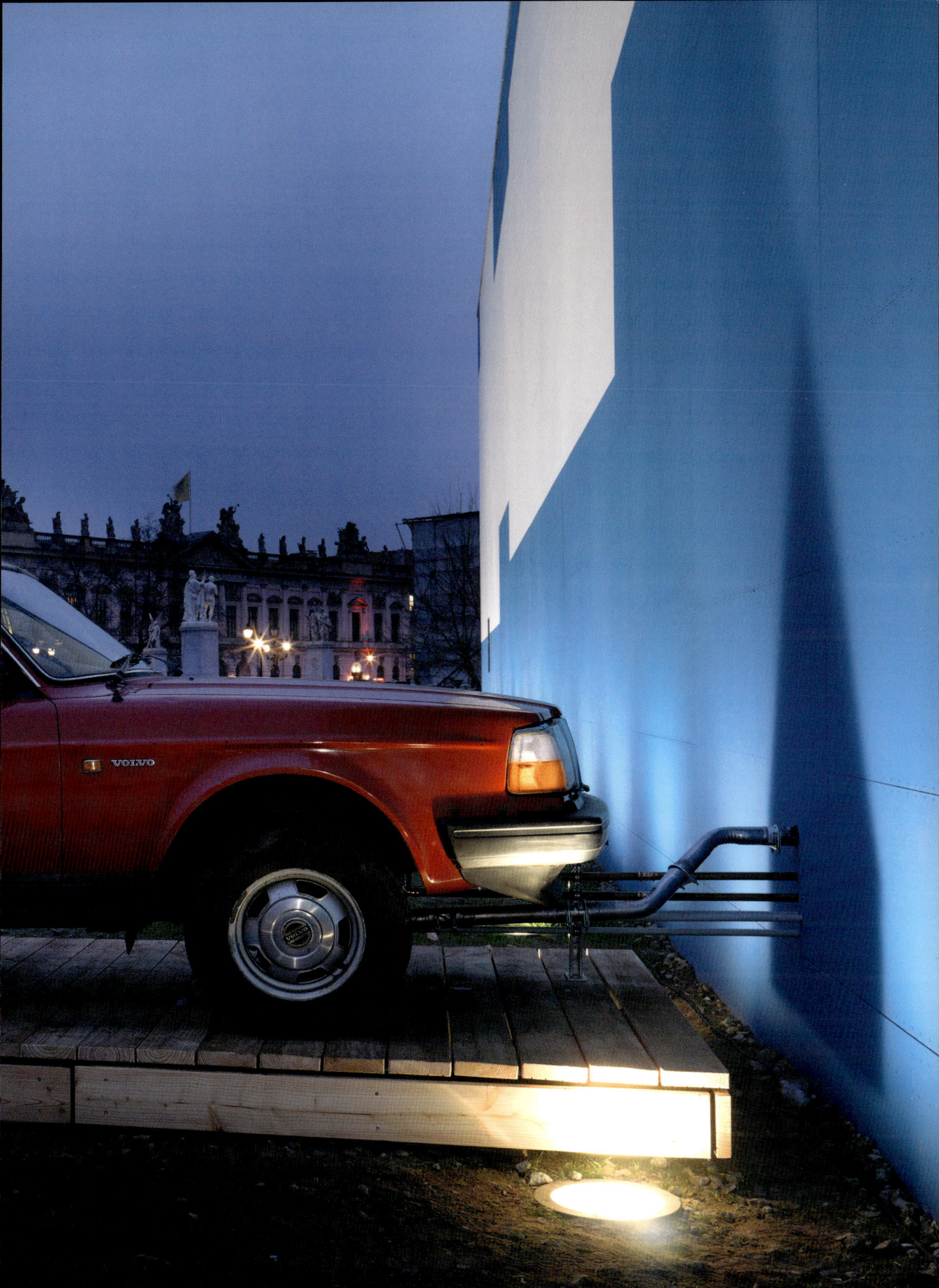

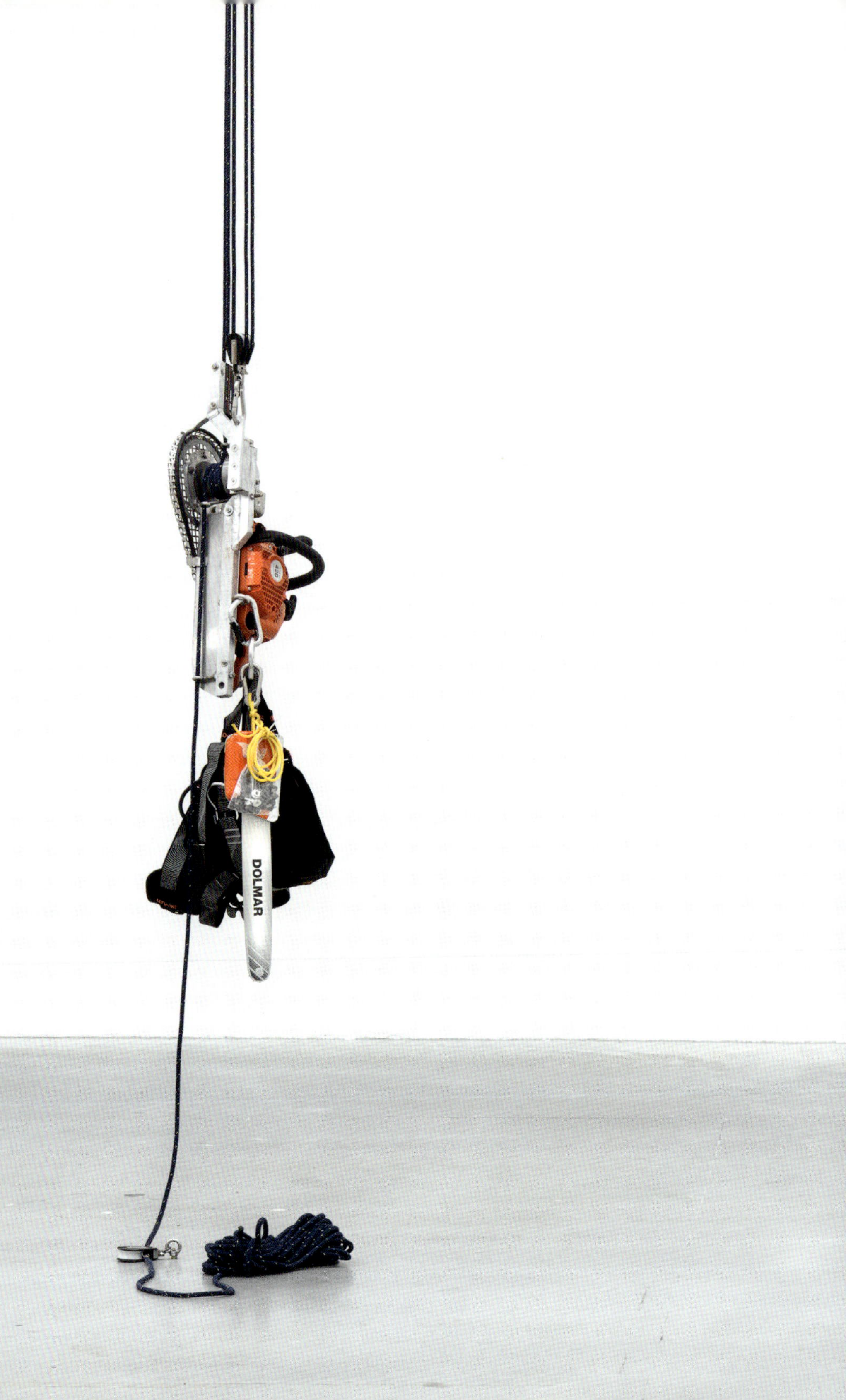
DOLMAR

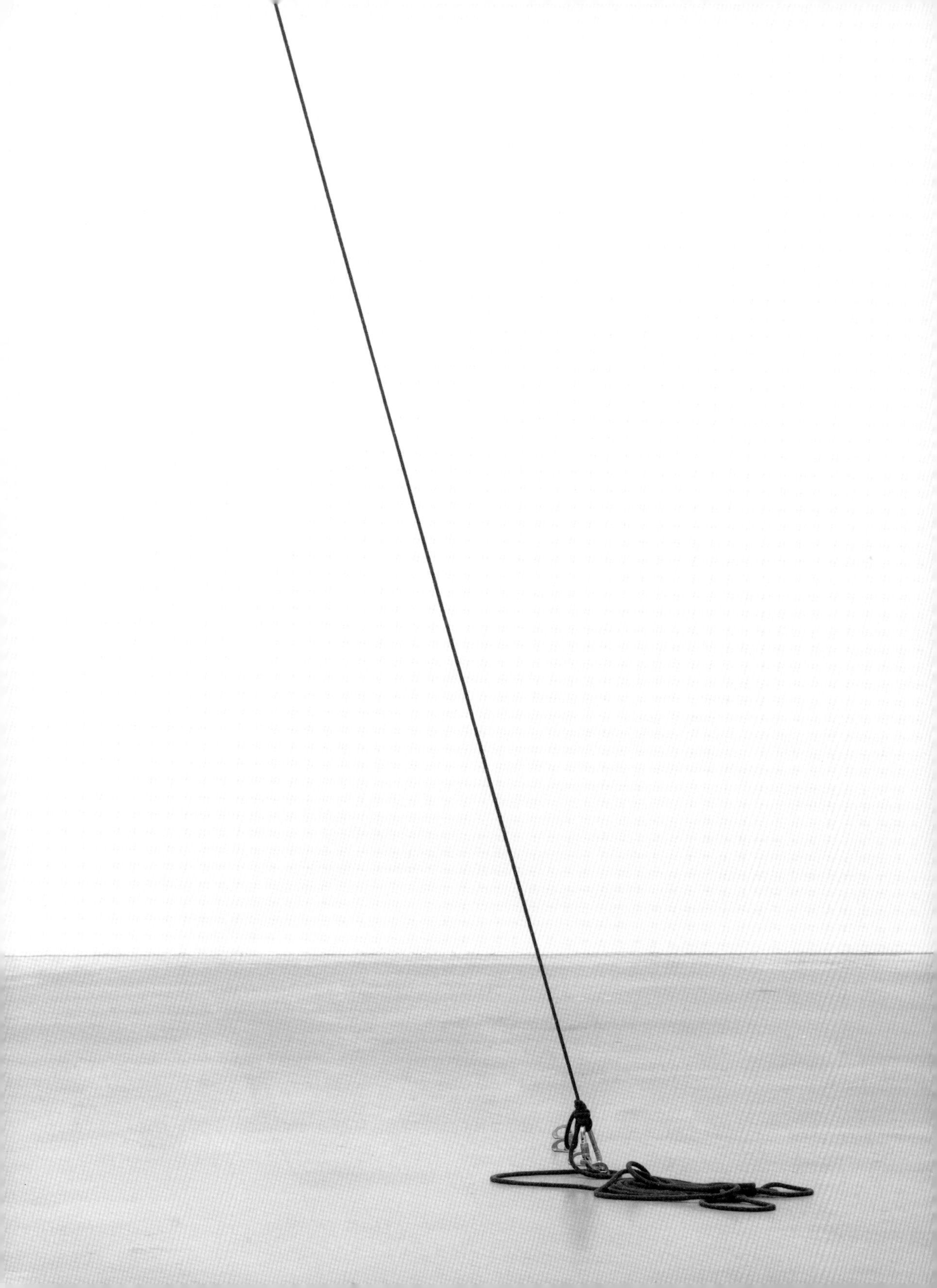

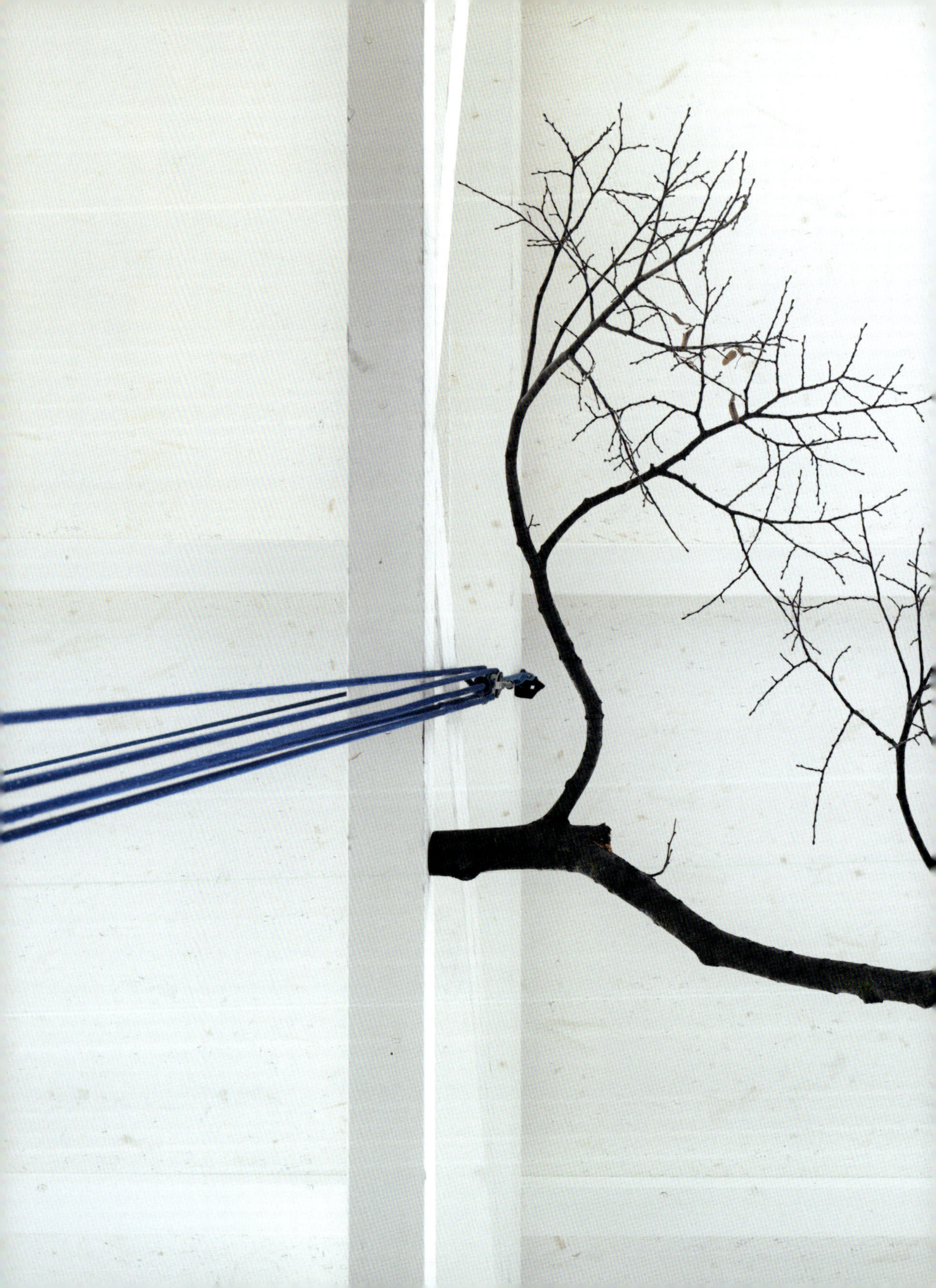

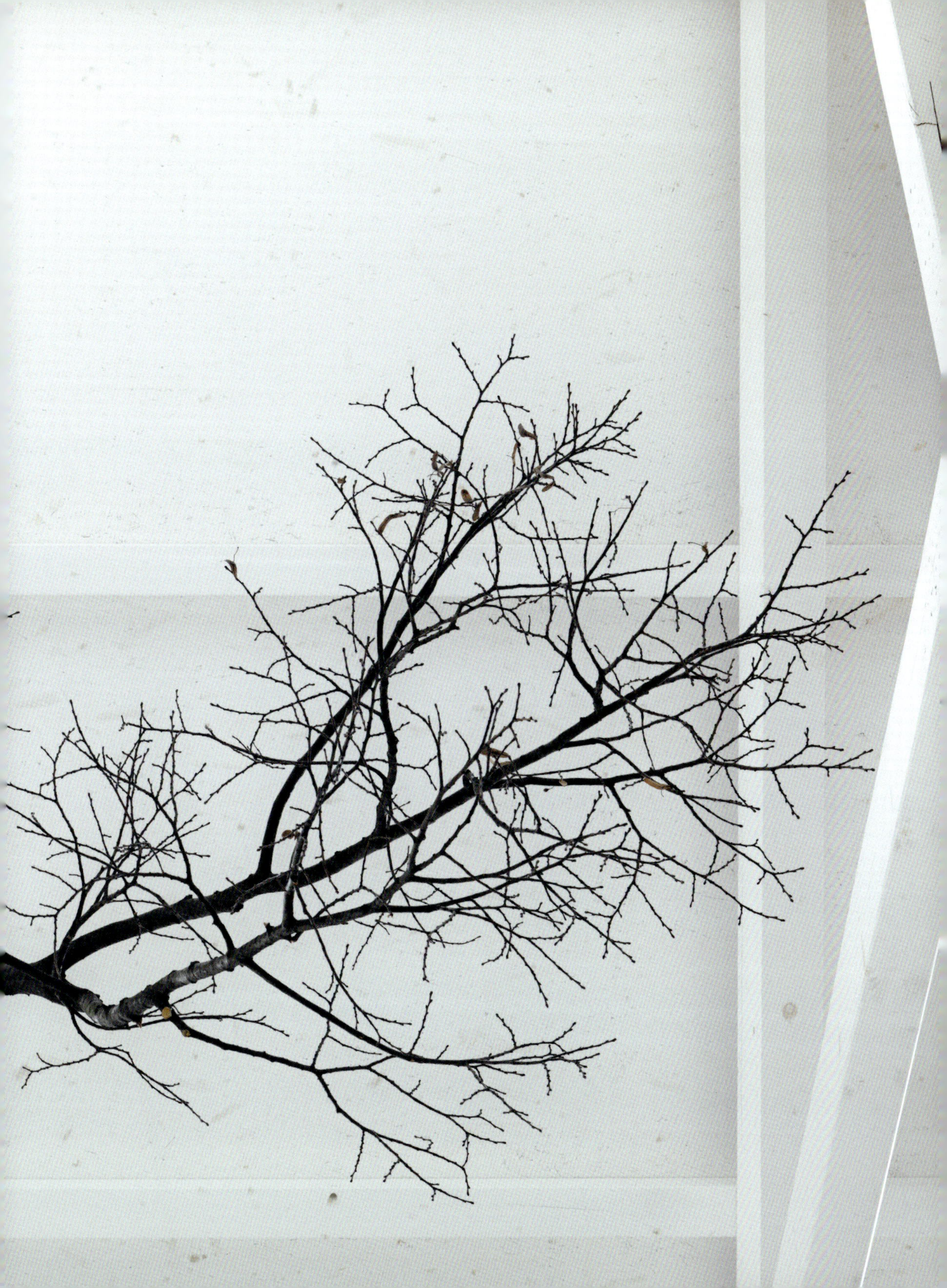

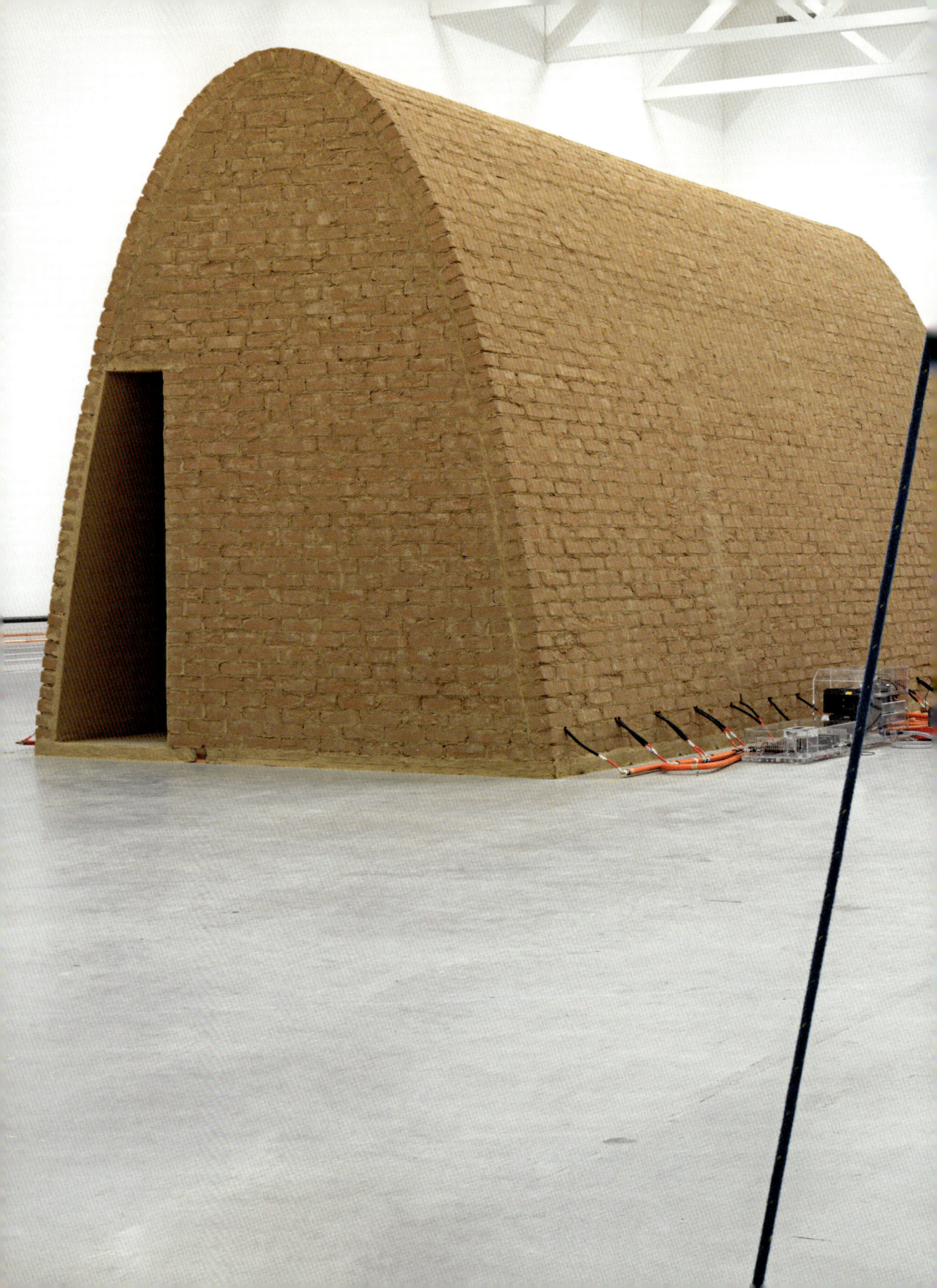

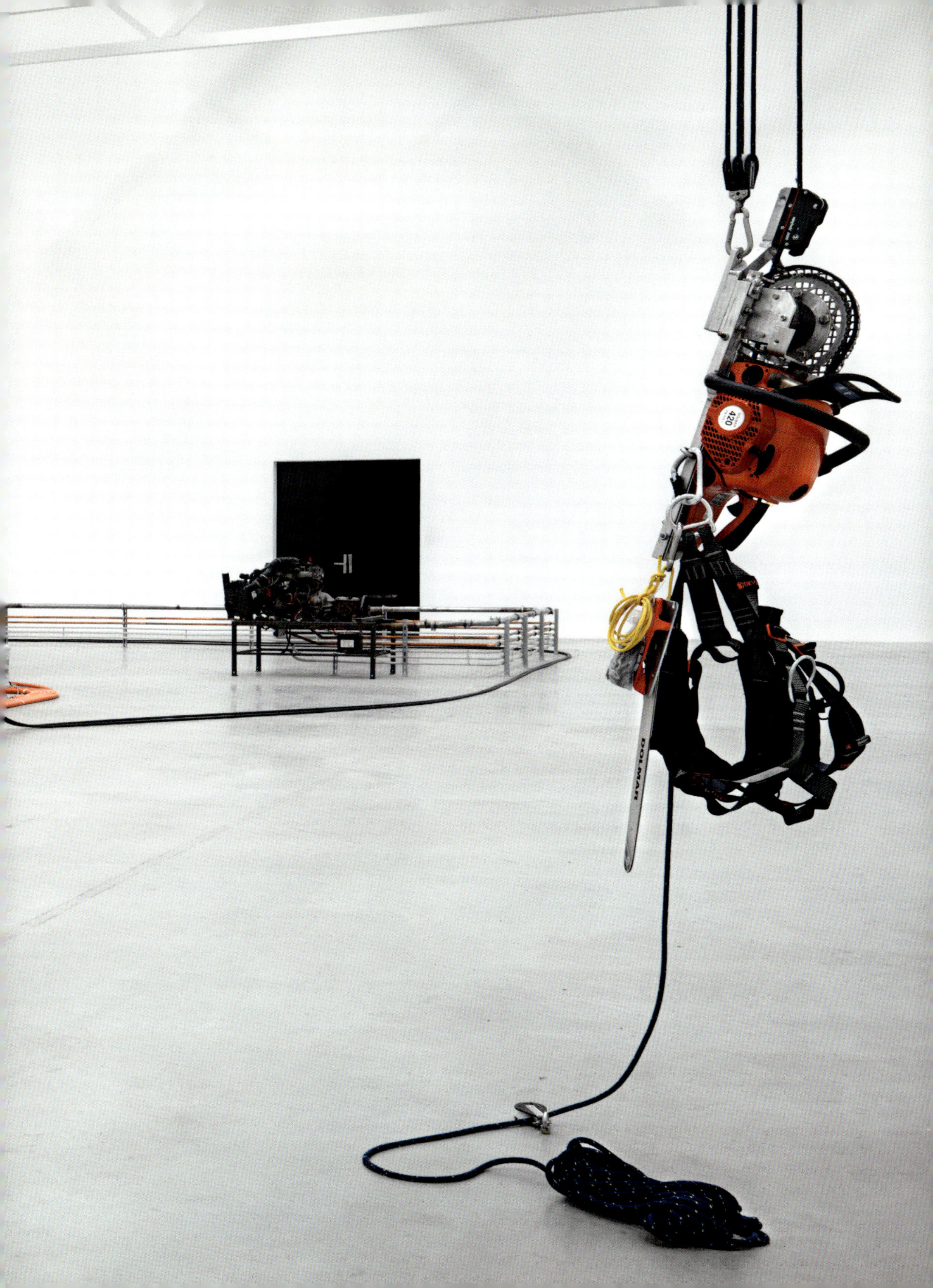

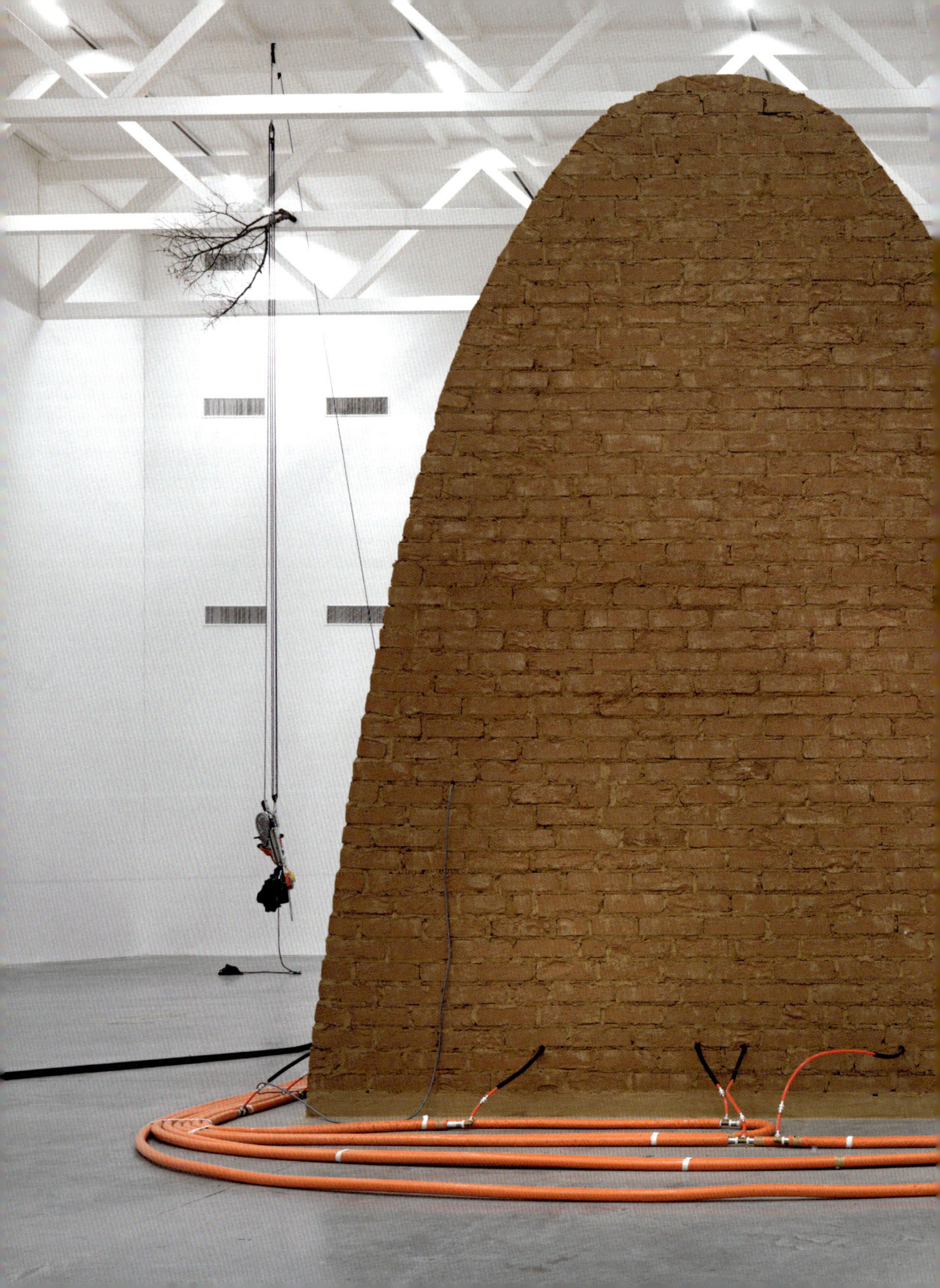

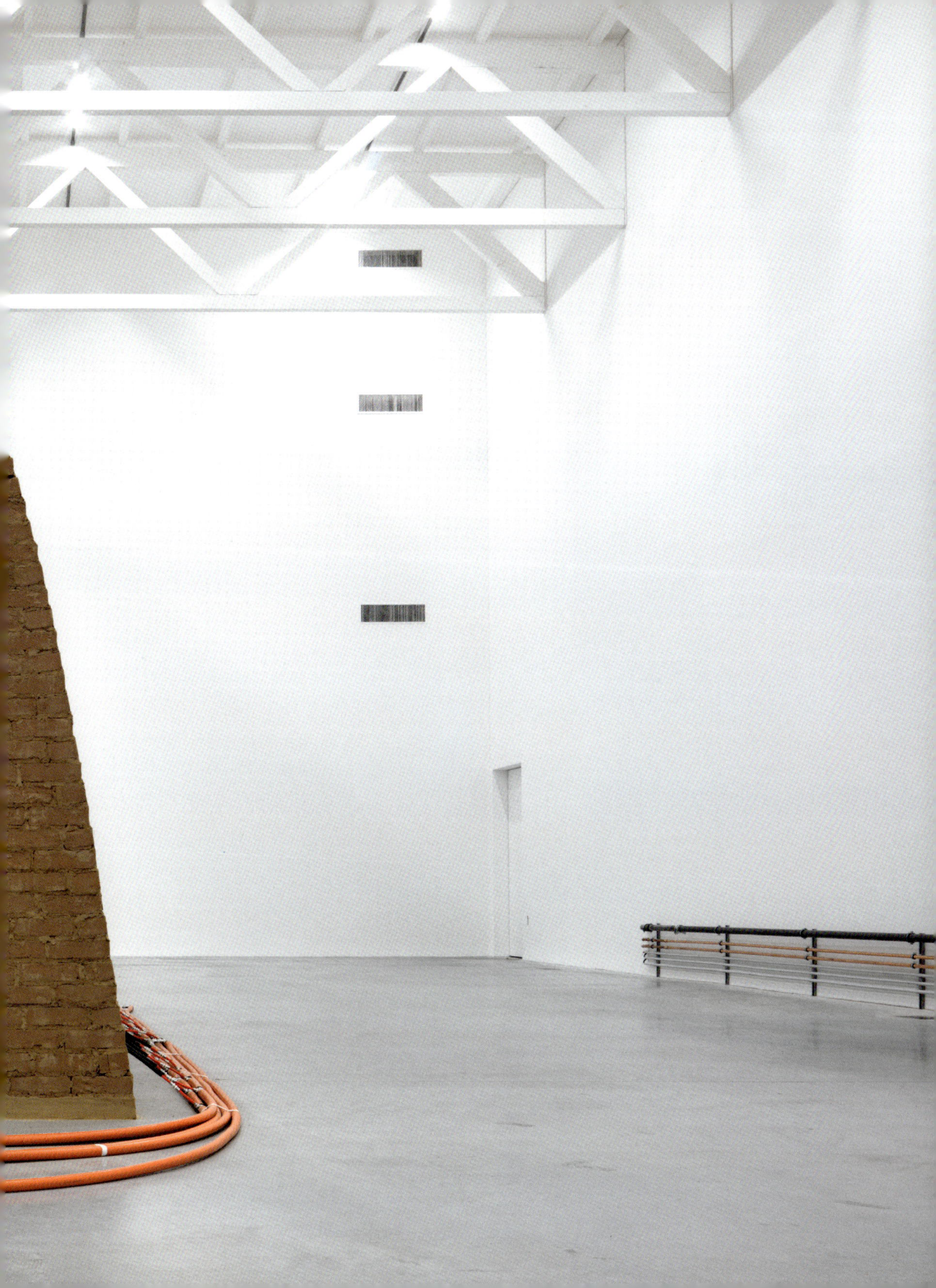

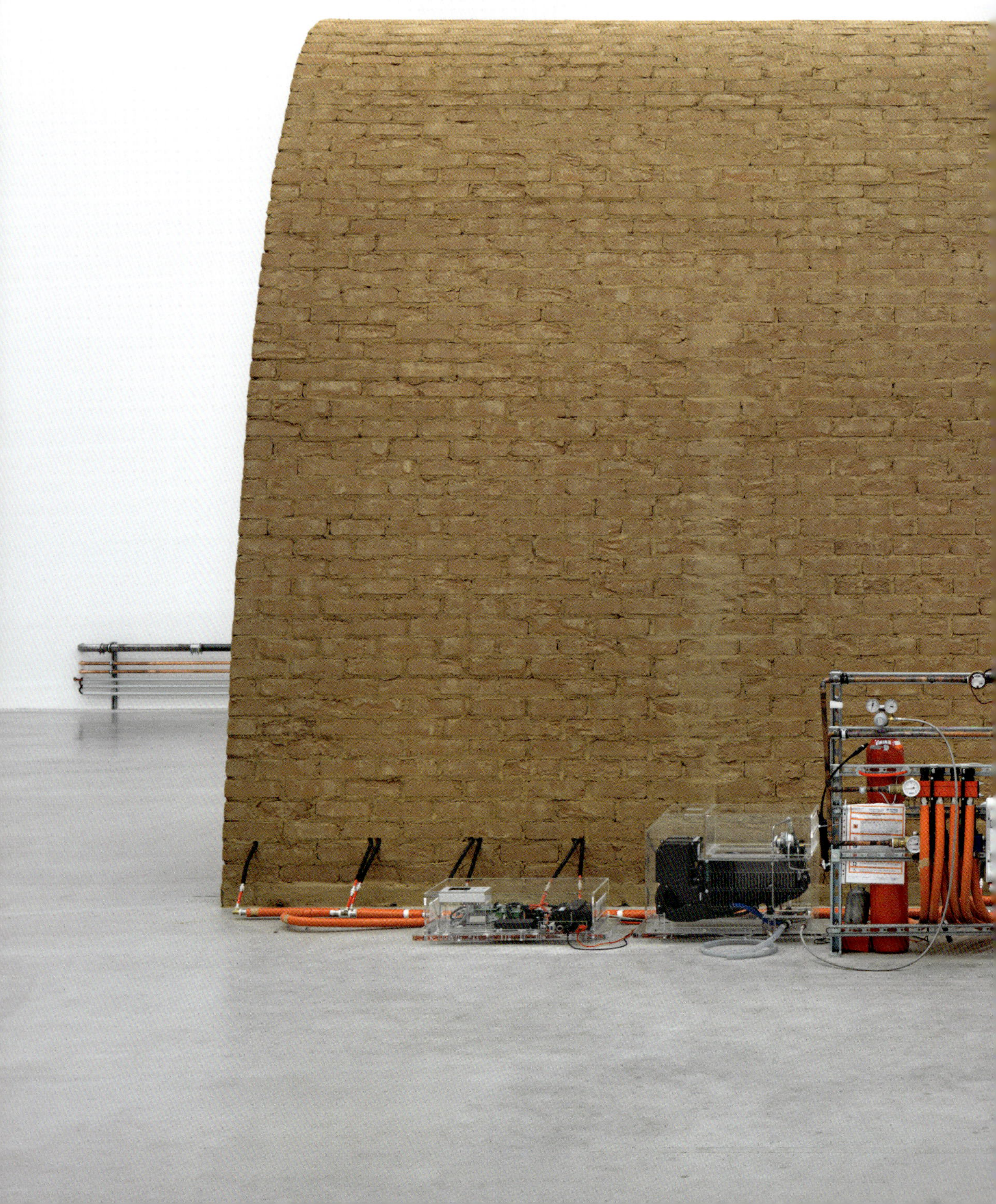

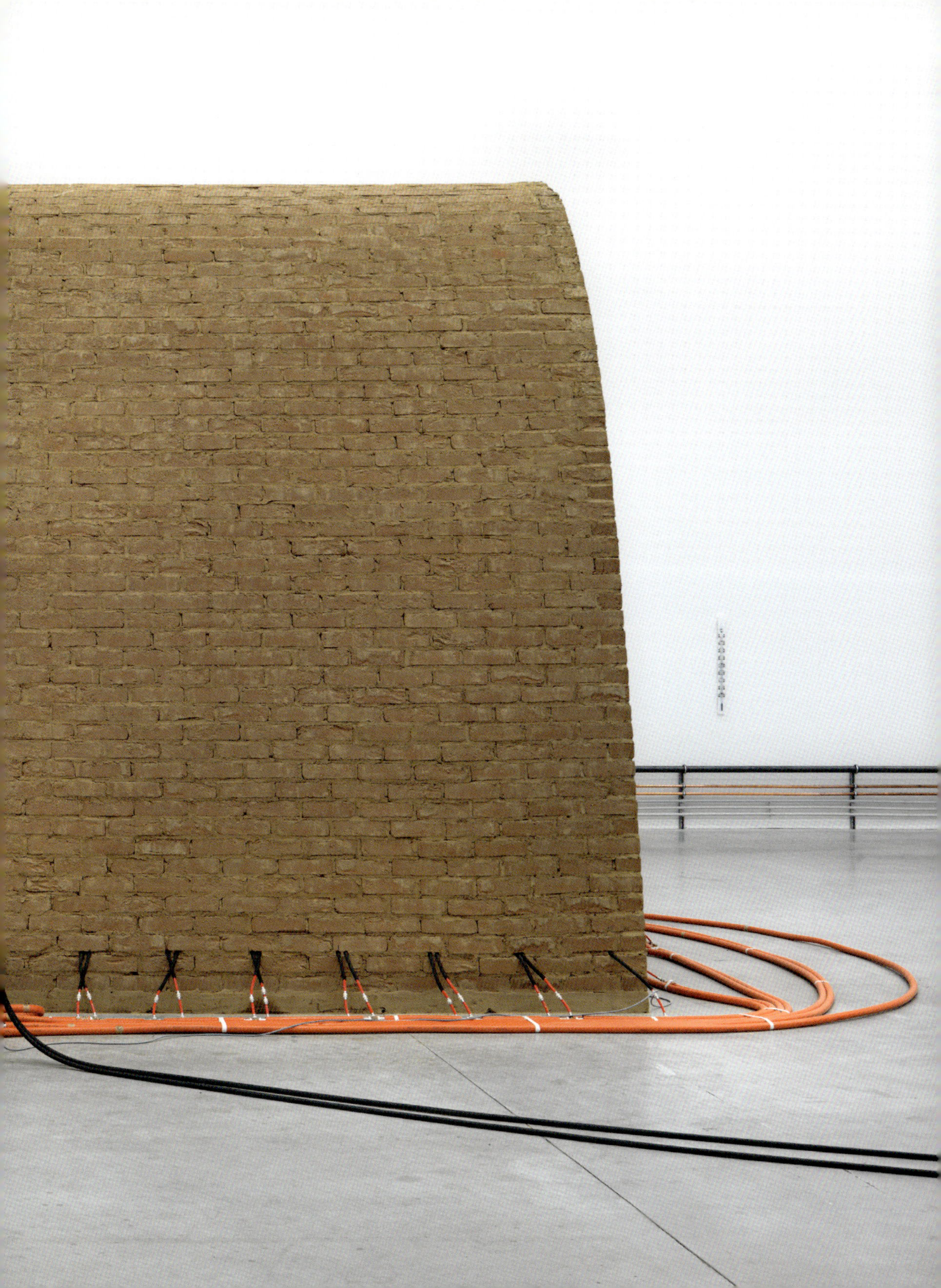

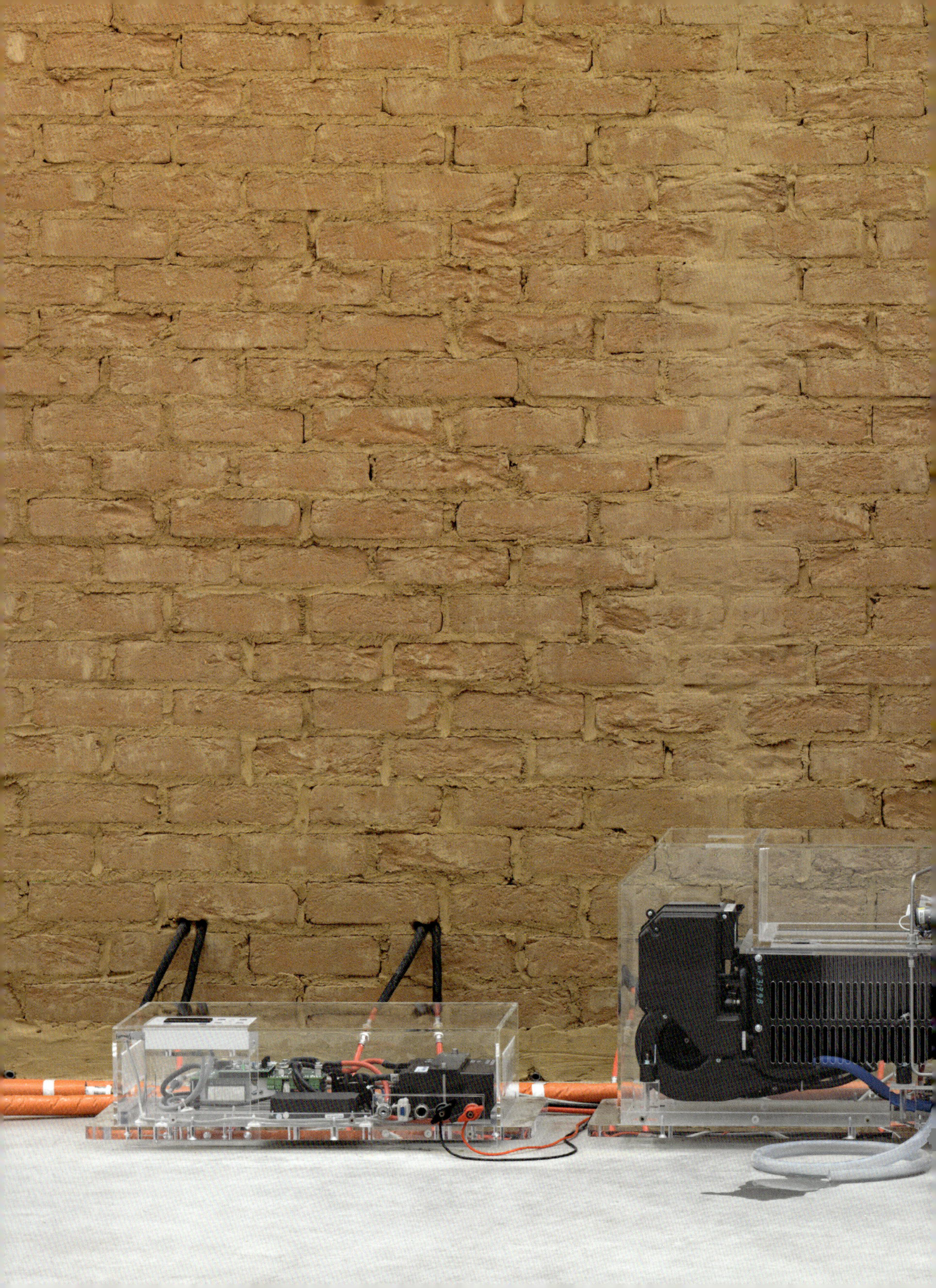

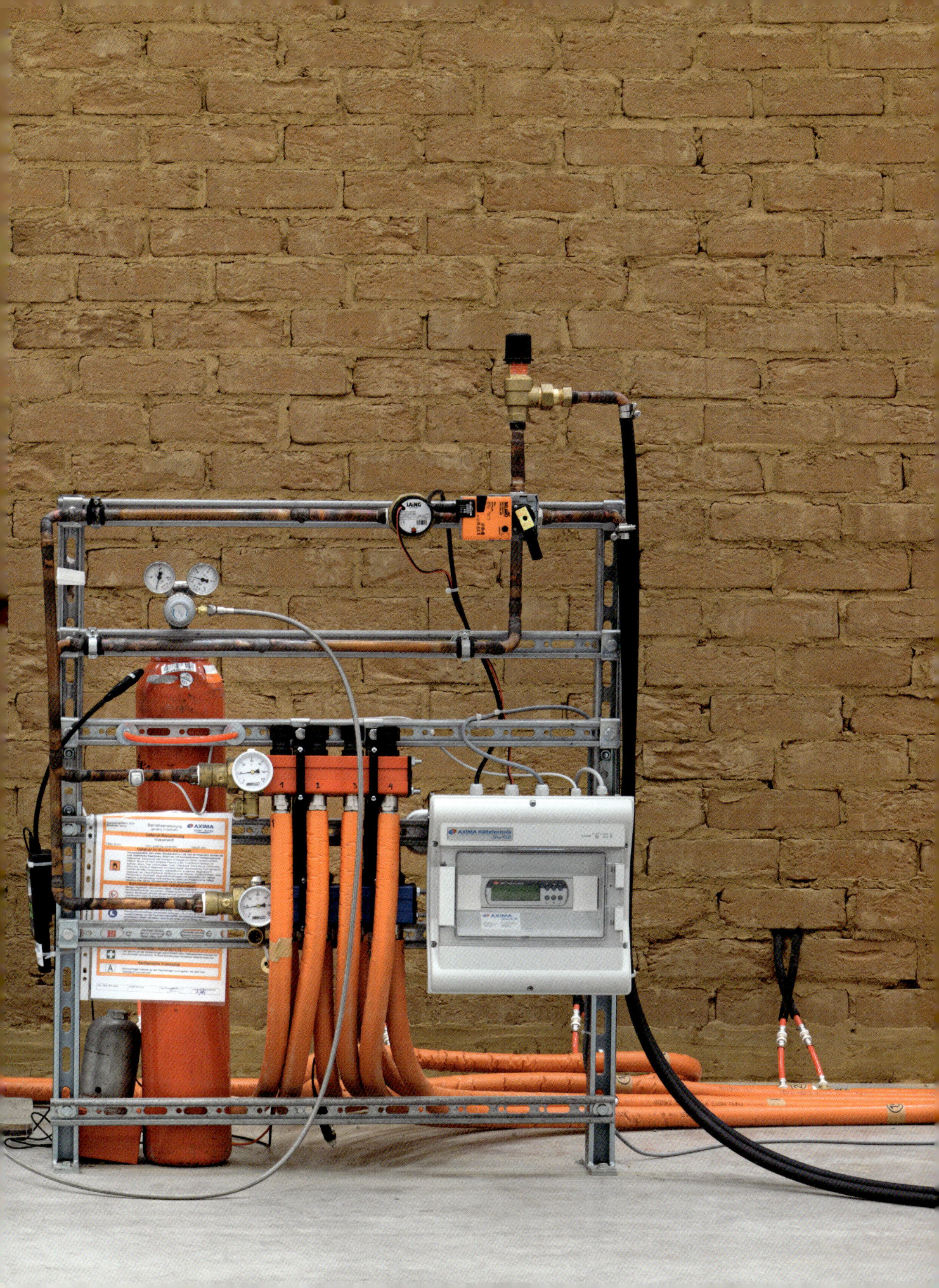

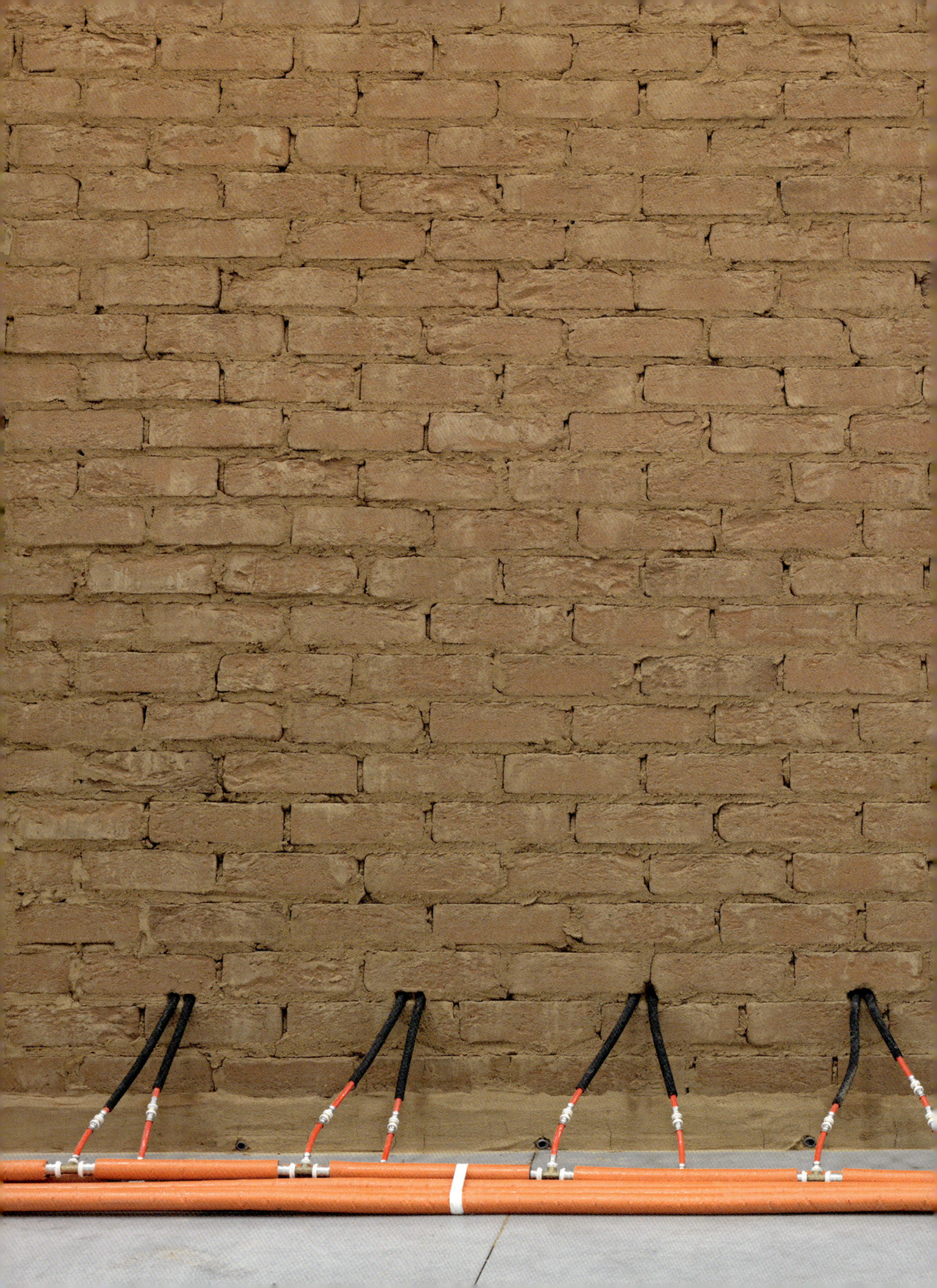

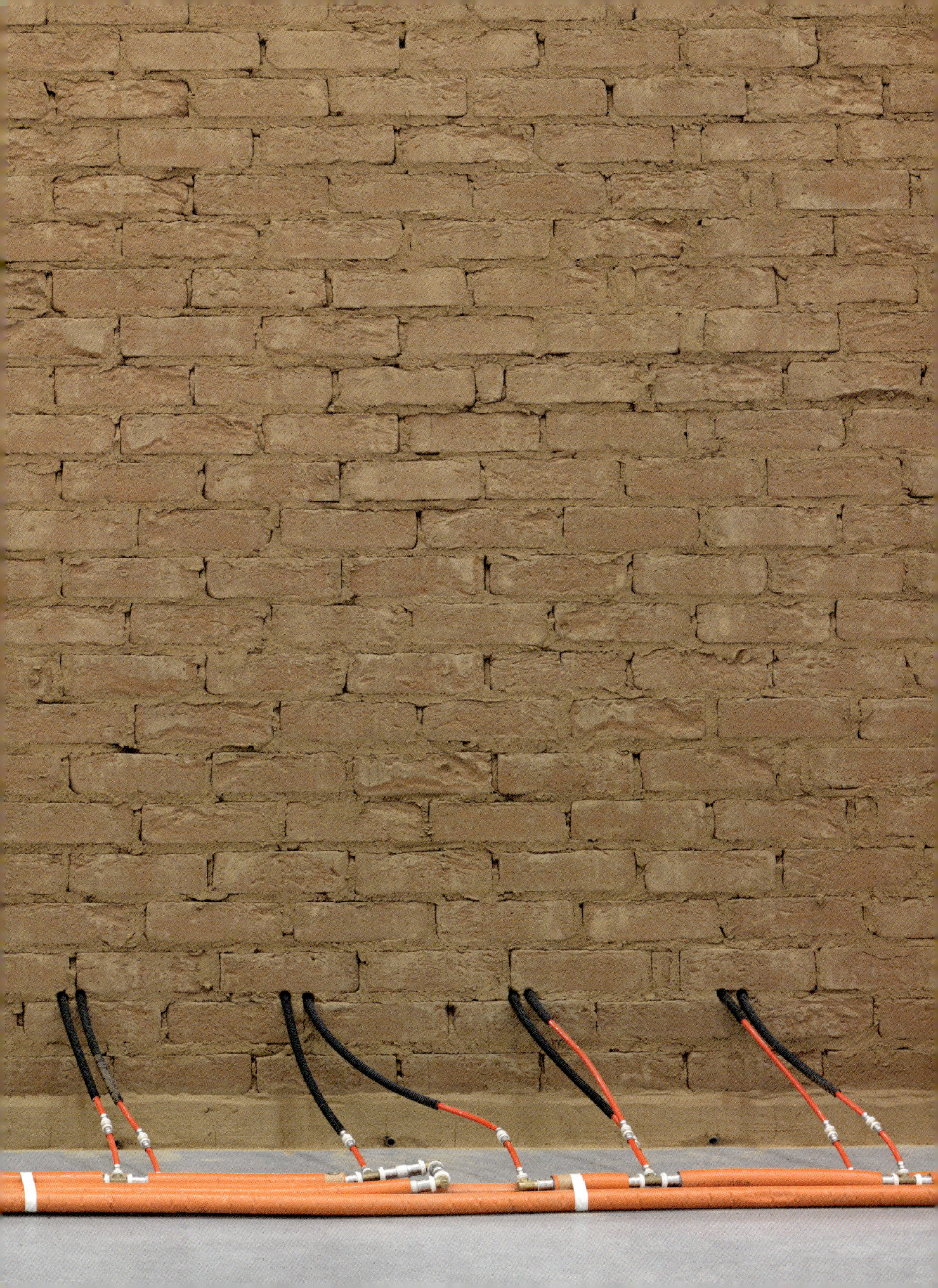

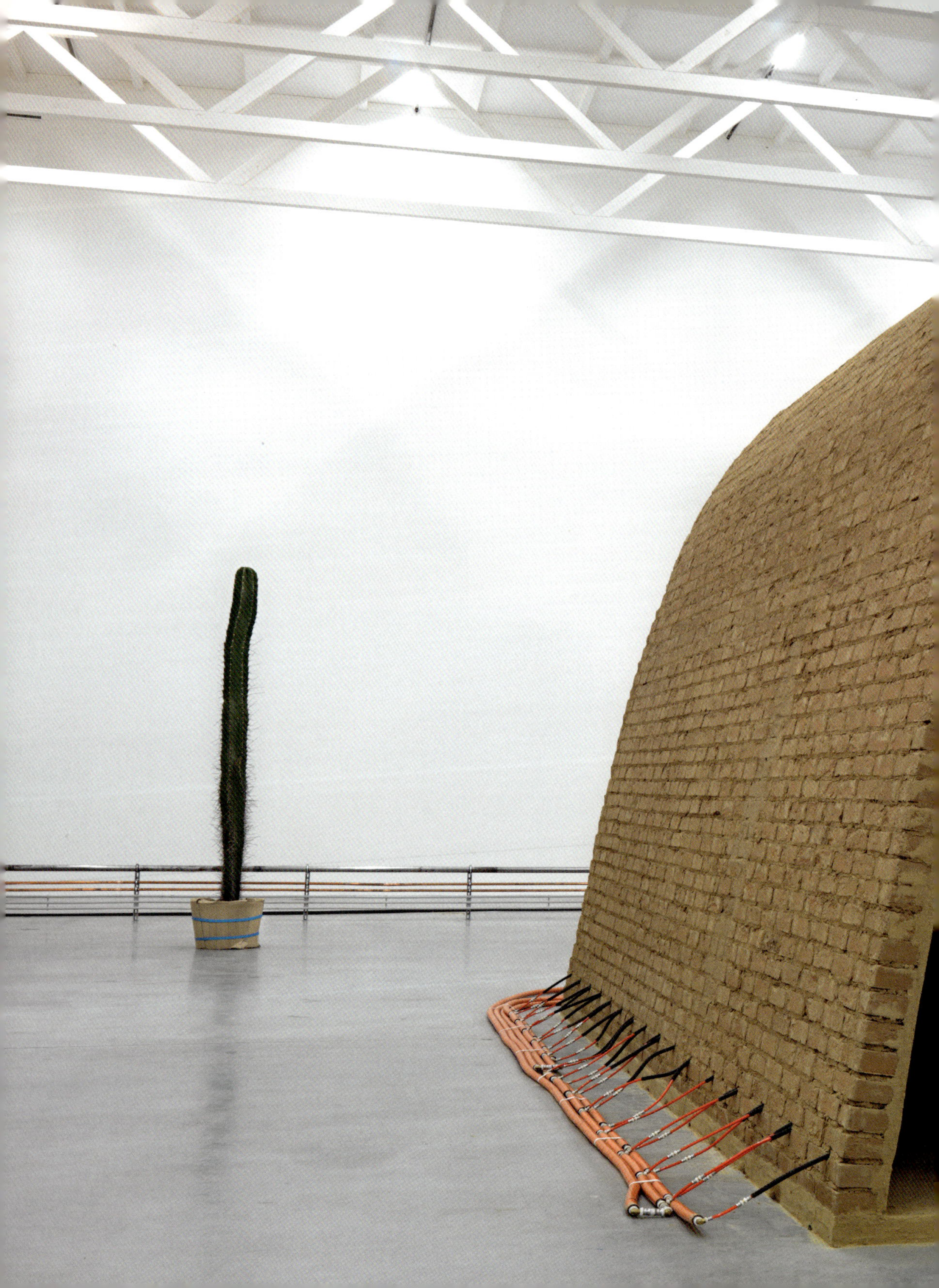

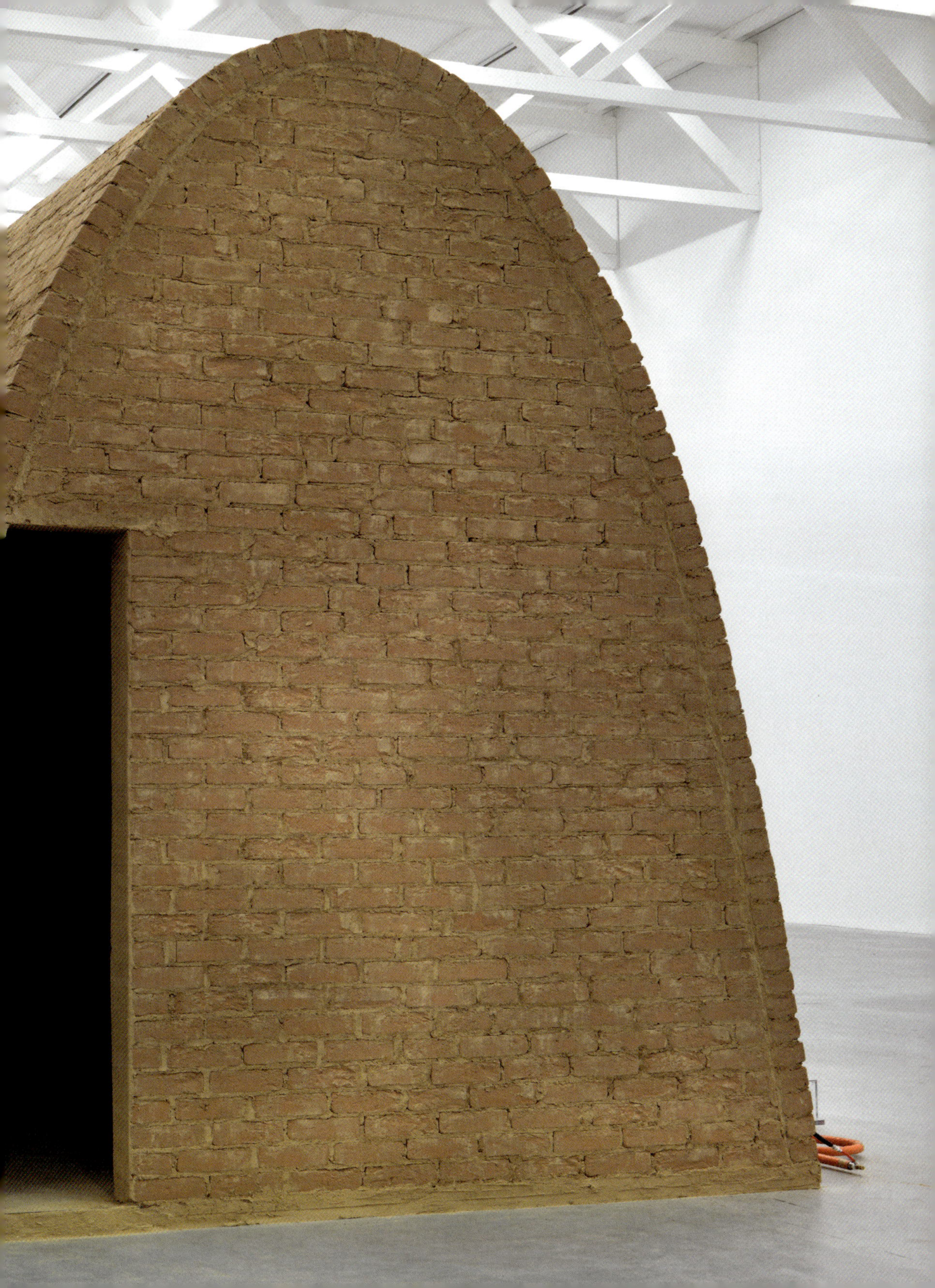

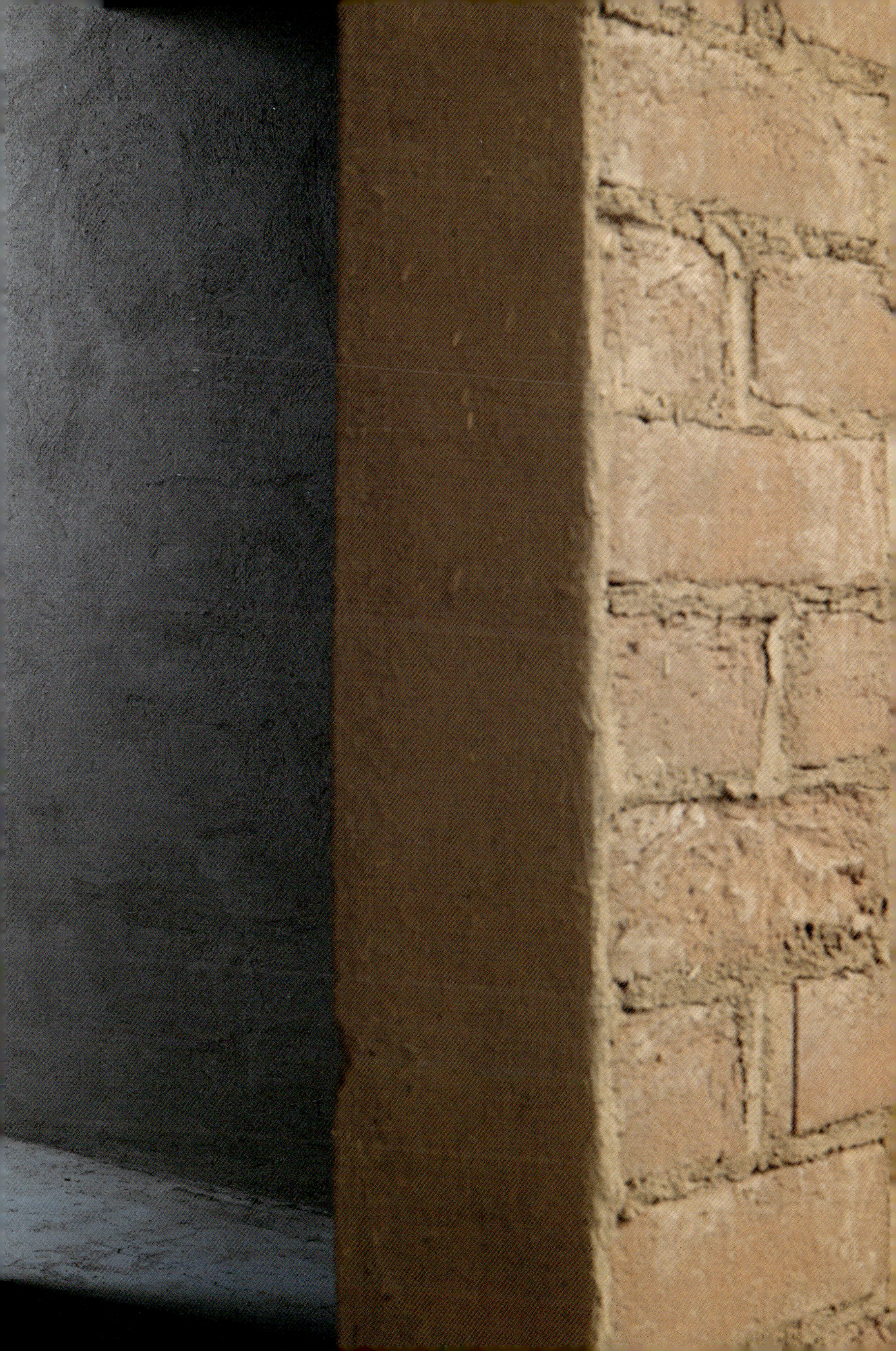

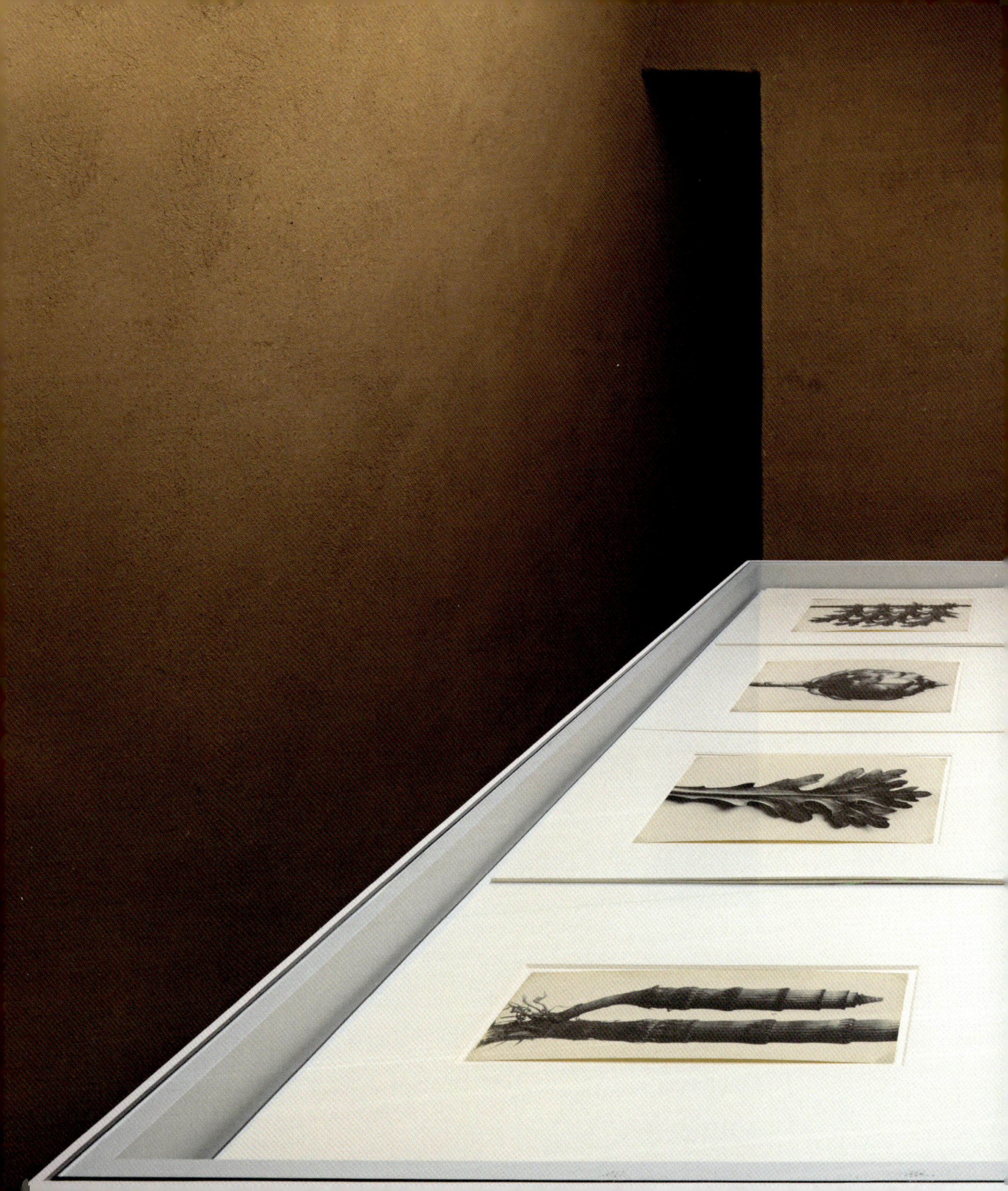

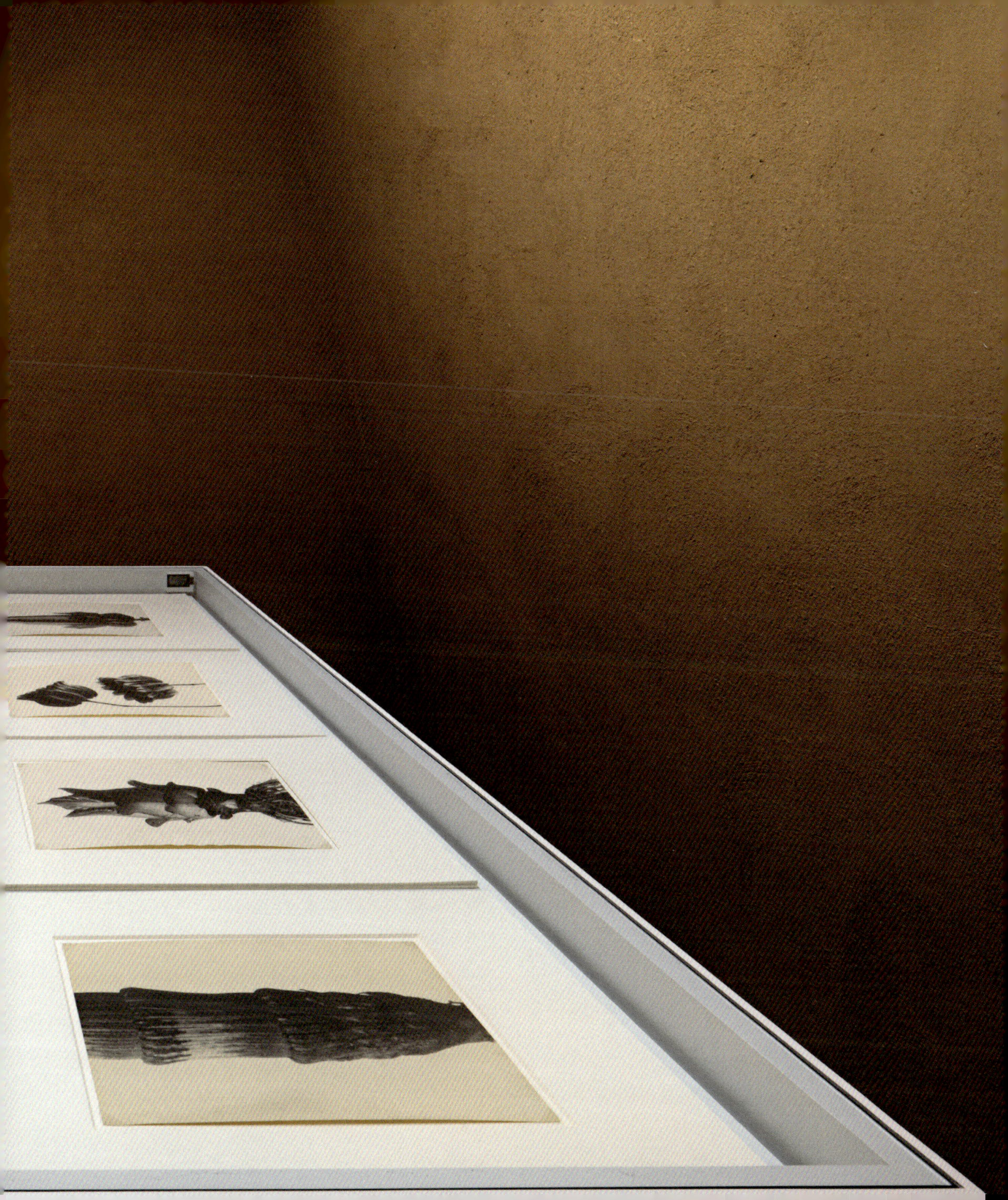

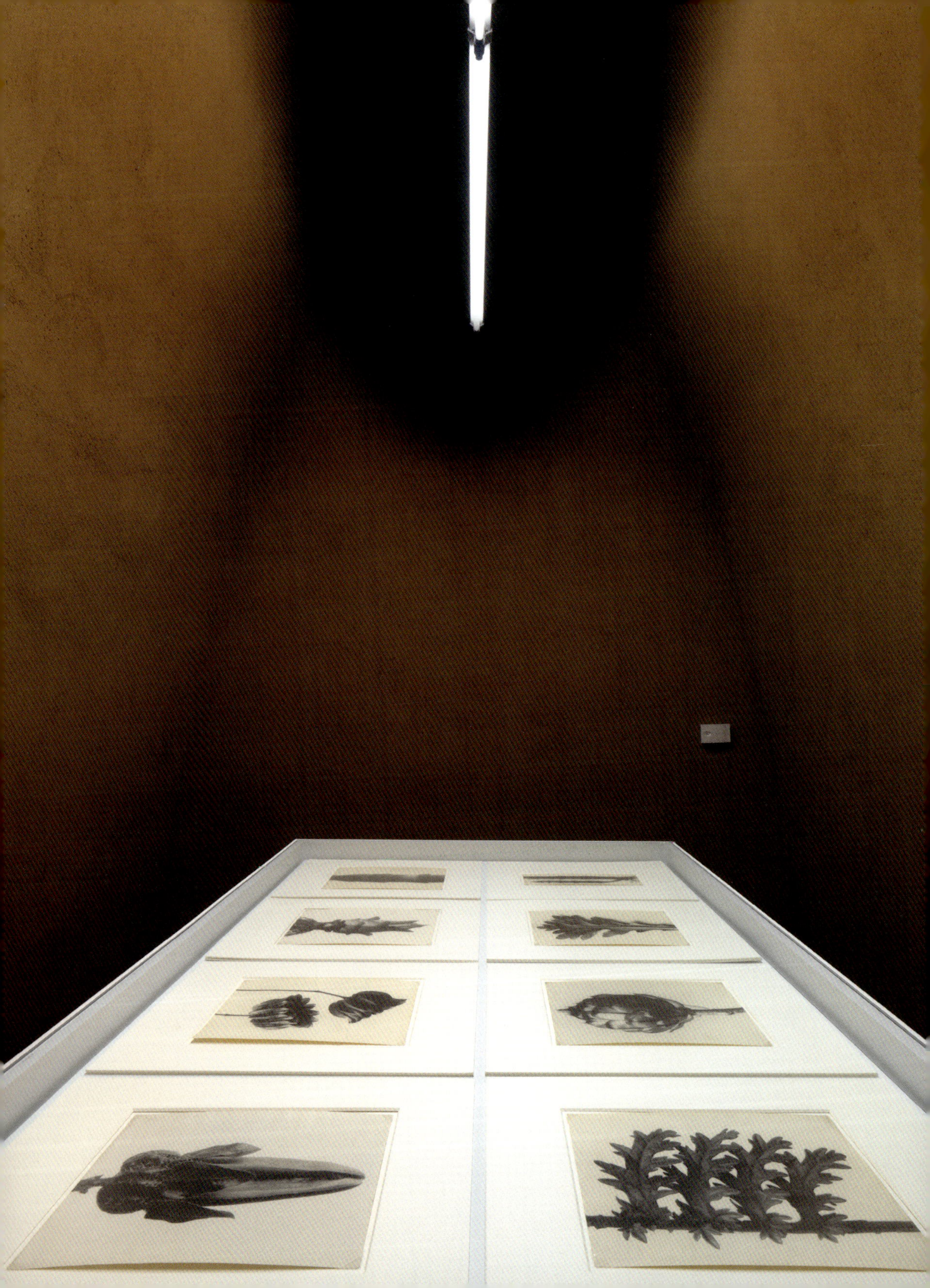

EINE KURZE GESCHICHTE DES KAKTEENHAUSES

KAKTEENHAUS

Simon Starling

A BRIEF STORY

Der verschwenderische Lebensstil der Römer macht es nötig, auch außerhalb der Saison Obst und Blumen anzubauen. Erfindungsreiche Gärtner legen Mistbeete an und bedecken die Pflanzen mit teilweise durchsichtigen Rahmenkonstruktionen aus Frauenglas und Talkumscheiben. Derartige Glasscheiben können sich allerdings nur die Wohlhabenden unter den Bürgern leisten.

Anmerkung: In Pompeji wurden die Ruinen eines frühen Gewächshauses entdeckt, das von einer *Calidaria* (ein das übrige Haus beheizendes Warmluftsystem) mit Wärme versorgt wurde. Erst rund tausend Jahre später wurden derartige Treibhäuser weiterentwickelt.

Christoph Columbus überreicht der spanischen Königin Isabella einen Kaktus aus der Neuen Welt.

Anmerkung: 1484 bittet Columbus beim portugiesischen König Joan II. um die Finanzierung einer Schiffsreise nach Westen mit dem Zweck, einen direkten Seeweg nach Indien zu finden. In Portugal hatte man sich allerdings vorgenommen, eine Route über Afrika zu nehmen, daher lehnt König Joan II. Columbus' Bitte ab. Daraufhin wendet sich Columbus 1486 an Spanien. Sein erstes Gesuch um Unterstützung durch die spanische Krone scheitert; nach langwierigen Verhandlungen und zahlreichen Bittgängen nach Frankreich und Spanien sagen Königin Isabella und König Ferdinand 1492 Columbus schließlich ihre Hilfe zu. Dieser Meinungsumschwung des spanischen Königshauses ist vermutlich vor allem Isabellas Wunsch nach einer weltweiten Christianisierung zu verdanken.

Das Schild zu den Texas Hollywood Film Studios, Tabernas-Wüste, Andalusien

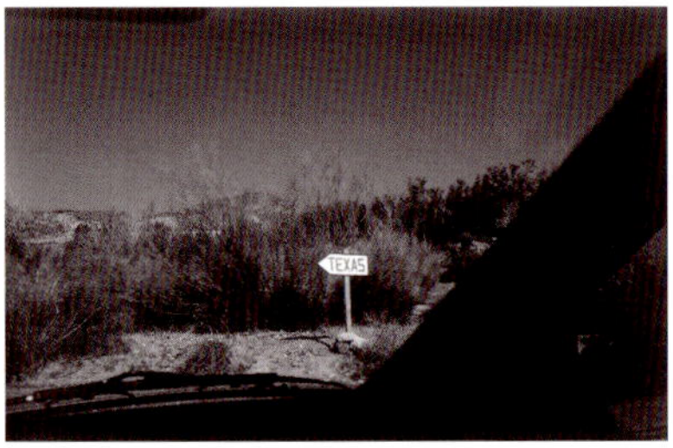

The sign for the Texas Hollywood Film Studios, Tabernas Desert, Andalusia

98

Luxurious Roman living demands the propagation of out-of-season fruits and flowers. Enterprising gardeners construct hotbeds of manure and cover the plants with frames partly glazed with mica or talc sheets. Glass panes of this kind are available only to the very wealthy.

Note: The ruins of an early forcing house were discovered at Pompeii; the structure was heated using the *calidaria* (a hot air system used to heat the rest of the house). A thousand years or so passes before such structures are developed further.

Christopher Columbus presents a cactus from the New World to Queen Isabella of Spain.

Note: In 1484, Columbus attempts to convince King John II of Portugal to sponsor a voyage west to find a route to the Orient. Unfortunately for Columbus, Portugal is committed to discovering the sea route to India via Africa. Having his plan rejected by King John II, Columbus then turns to Spain in 1486. His first attempt to enlist the support of the Spanish Crown is unsuccessful, but after a lengthy search for support in France and England, Queen Isabella and King Ferdinand finally agree to sponsor Columbus in 1492. This change of heart by the Spanish monarchy is due largely to Isabella's desire to spread Christianity.

Der spanische Wissenschaftler Francisco Hernández un-
ternimmt die erste naturwissenschaftliche Expedition in
die Neue Welt. Für seine ausgedehnten Forschungsreisen
beauftragt Hernández einheimische Führer, Pflanzen-
kundler und Künstler mit der Suche nach Tieren und Pflanzen und deren anschließender Be-
stimmung und Dokumentation. Nach sieben Jahren harter Arbeit hat Hernández schließlich die maßgebliche Darstellung der Naturgeschichte Mexikos zusammengetragen, die allerdings, bevor sie gedruckt werden kann, von einem Brand zerstört wird.

Gonzalo Fernández de Oviedo y Valdéz
veröffentlicht ein Buch über die Naturgeschichte der Westindischen Inseln, das die
ersten realistischen Abbildungen von Kakteen in Europa enthält.

*Fiberglas-Kakteen zu vermieten, Green Set,
Hollywood, Los Angeles*

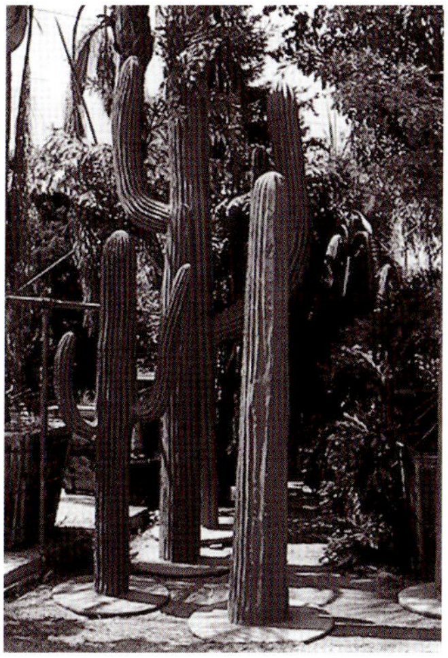

*Fibreglass cacti for hire, Green Set,
Hollywood, Los Angeles*

Gonzalo Fernández de Oviedo y Valdéz
publishes his book on the natural history
of the West Indies including the earliest rec-
ognizable pictures of cacti to be available in
Europe.

99

The Spanish scientist Francisco
Hernández is sent on the first
scientific expedition to explore
the New World. Hernandez
travels widely and enlists the
help of native guides, herbal-
ists and artists to seek out,
draw and record the animals
and plants he encounters. After
seven years of Herculean toil,
Hernández compiles what should have been printed as the
definitive natural history of Mexico but a fire destroyed the
original manuscript.

Der Deutsche Johann Konrad von Gemmingen, Fürst-
bischof von Eichstätt, lässt das erste Gewächshaus mit
ausreichenden Lichtverhältnissen für die Zucht tropischer
Pflanzen errichten. Bei dieser Konstruktion mit großen
Kristallglasscheiben handelt es sich um eine Weiterentwicklung der Orangerie, die den Anbau von Zitrus-
früchten in nördli-
chen Breiten ermög-
lichte. In einem der-
artigen Gewächshaus
züchtet von Gemmin-
gen später einen rie-
sigen Feigenkaktus
der Gattung *Opun-
tia tomentosa* mit ca.
3.000 Sprossgliedern.

*Feigendistelkaktus (Playopuntias) nahe der Filmkulis-
se des mexikanischen Dorfes, Texas Hollywood Film
Studios, Tabernas-Wüste, Andalusien*

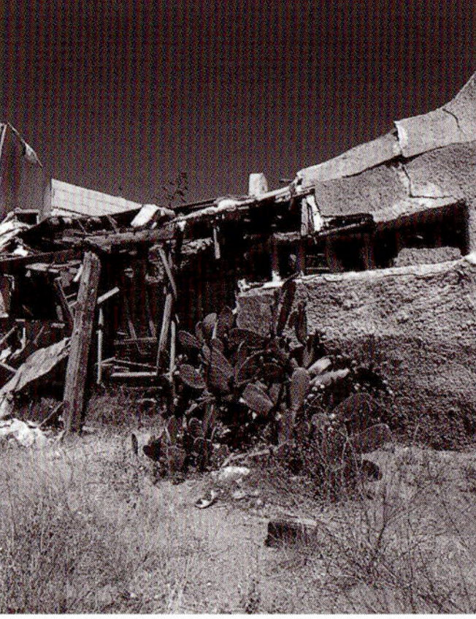

*A prickly pear (Playopuntias) growing on the set of
the Mexican Village,Texas Hollywood Film Studios,
Tabernas Desert, Andalusia*

100

The German Johann
Konrad von Gem-
mingen, Prince-Bish-
op of Eichstätt builds
the first glasshouse
bright enough to grow
tropical plants. This
glasshouse, with its
large crystal lights,
is developed from the orangerie, which had been built in
order to grow citrus fruits in northern climes. He later
grows a giant *Opuntia tomentosa* cactus with around 3,000
pads in just such a glasshouse.

In den Oxford Botanical Gardens kommt erstmals
ein Heizsystem für Treibhäuser zum Einsatz, bei
dem zur Wärmeverteilung ein mit glühender Holz-
kohle gefüllter Ofen oder Topf auf einem Karren
zwischen den Beeten hin- und hergeschoben wird.
Durch den entstehenden Rauch gehen allerdings
manche Pflanzen ein.

The Oxford Botanical Gardens introduce a system
for heating their hothouses using a stove or pan of
glowing charcoal, placed on a trolley that is wheeled
to and fro to distribute the heat. The fumes, however, prove deadly for certain plants.

Posthum erscheinen einige wenige Teile aus dem Werk von Francisco Hernández, in denen erstmals die einheimischen Namen verschiedener uns bekannter Kakteen verzeichnet sind.

Die Einführung einer Fenstersteuer wirkt sich hemmend auf die Weiterentwicklung der Gewächshaustechnik in Großbritannien aus.

101

Rare excerpts of Francisco Hernández's work are published posthumously; they list for the first time the native names for various familiar cacti.

Further developments in glasshouse technology in Britain are hampered by the introduction of a window tax.

Stephen Switzer baut im Auftrag des Herzogs von Rutland auf Schloss Belvoir in Leicestershire, England, das erste vollständig verglaste Gewächshaus zum Traubenanbau.

„Plasticultura", Treibhäuser unter Plastikplanen,
Cabo de Gata, Tabernas-Wüste, Andalusien

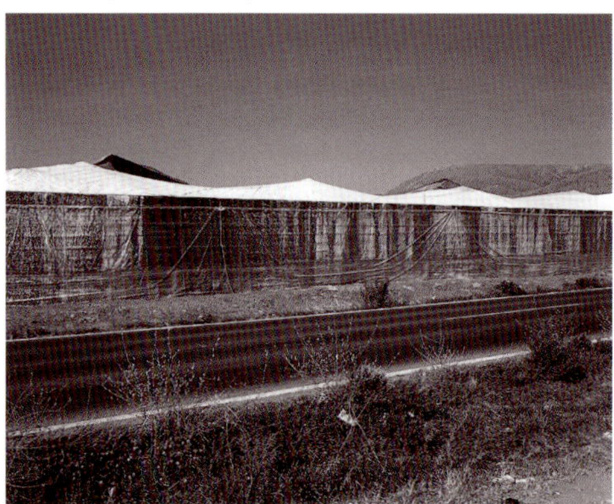

'Plasticultura', plastic greenhouses,
Cabo de Gata, Tabernas Desert, Andalusia

The first fully glazed structure appears when Stephen Switzer builds a glasshouse for the Duke of Rutland to grow grapes at Belvoir Castle, Leicestershire, England.

Die spanischen Botaniker Hipólito Ruiz und José Pavón verlieren eine komplette Schiffsladung Pflanzenexemplare aus Peru und Chile an die Engländer, die ihr Schiff kapern, die Beute allerdings nicht recht zu würdigen wissen und sie zerstören. Eine zweite Ladung fällt einem Feuer zum Opfer, die pflanzliche Fracht eines weiteren Schiffs geht ein Jahr darauf bei dessen Untergang vor der Küste Portugals verloren.

Sturmbeschädigter Anhänger
(Dirk Fleischmanns Anhängervermietung)

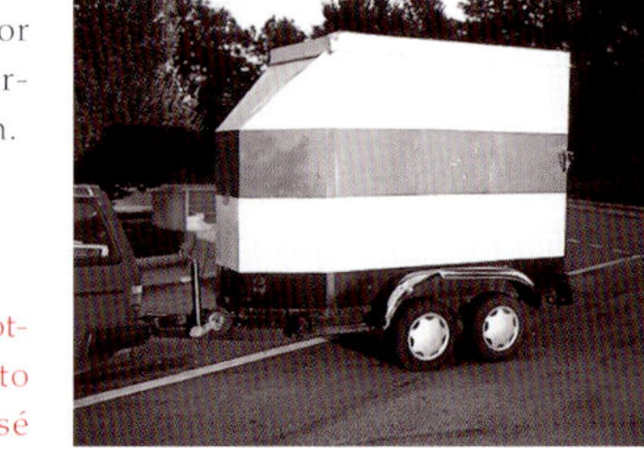

Storm damaged trailer
(Dirk Fleischmann's trailer rental)

The Spanish botanists Hipólito Ruiz and José Pavón lose one large shipment of plant specimens collected in Peru and Chile when it is captured by the unappreciative English who destroy the collection. Another shipment is lost in a fire, and a year later a third consignment is shipwrecked off the coast of Portugal.

102

Am 16. Juli erreicht der deutsche Wissenschaftler Alexander von Humboldt in Begleitung des französischen Botanikers Aimé Bonpland Venezuela, um von dort aus eine große Expedition durch Mittel- und Südamerika zu unternehmen, in deren Verlauf etwa 60.000 Pflanzenexemplare nach Europa verschifft werden. Humboldt und Bonpland entdecken und benennen fünfzehn Kaktusarten, darunter elf *Cerei.*

Cereus-Kaktus am Filmset, Texas Hollywood Film Studios, Tabernas-Wüste, Andalusien

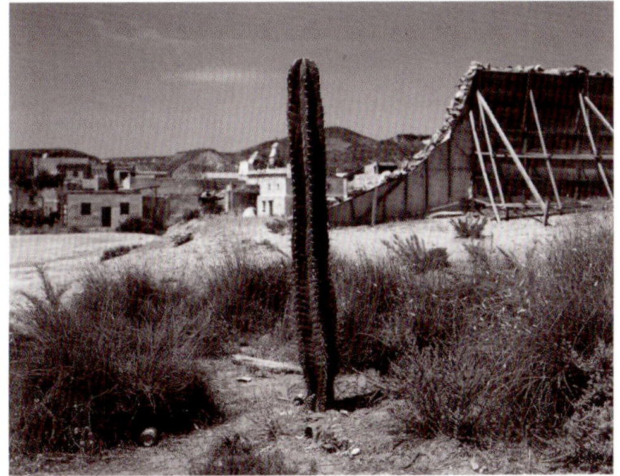

Cereus cactus on the set, Texas Hollywood Film Studios, Tabernas Desert, Andalusia

Die ersten mit Wasserdampf beheizten Gewächshäuser entstehen.

Anmerkung: Diese Heizmethode eignete sich nicht für in trocken-warmem Klima gedeihende Sukkulenten, wohl aber für hohe Luftfeuchtigkeit liebende Farne, Orchideen und andere tropische Pflanzen.

Steam-heated glasshouses are built for the first time.

Note: This method of heating discriminated against succulent plants that require a warm dry environment in favour of ferns, orchids and tropical foliage which thrive in the damp air.

103

On 16 July, the German scientist Alexander von Humboldt arrives in Venezuela in the company of French botanist Aimé Bonpland to undertake a major expedition through Central and South America. Between them they are responsible for shipping 60,000 plant specimens back to Europe. Humboldt and Bonpland are credited with discovering and naming fifteen cacti, including eleven *Cerei.*

Der aus Mähren stammende Missionar Benjamin Heyne entdeckt den heute als Crassulacean-Acid-Metabolismus oder CAM bekannten Prozess, nachdem er beobachtet, dass die Blätter der *Crassulaceae* morgens säuerlich-bitter schmecken und bis zum späten Nachmittag ihre Säure verlieren. Heyne führt dies auf die Aufnahme und Speicherung von CO_2 während der Nacht zurück.

Anmerkung: Der ökologische Erfolg von Sukkulenten und insbesondere von Kakteen verdankt sich ihrem besonderen Stoffwechsel, das heißt der Art und Weise, wie sie mit ihrer Umgebung Sauerstoff, Kohlendioxid und Verdunstungswasser austauschen. Bei Sonnenaufgang öffnen die meisten dieser Pflanzen ihre Stomata und nehmen CO_2 aus der Atmosphäre auf. Dies führt unweigerlich zu einem Wasserverlust, umso mehr, je wärmer es wird. Wie ein nasses Handtuch auf der Leine nachts langsamer trocknet als in der Wärme des Tages, so sparen Kakteen als Sukkulenten Wasser, indem sie ihre Stomata nachts öffnen, wenn die Temperatur niedriger und der Wasserverlust entsprechend geringer ist. Aufgrund ihrer erworbenen biochemischen Eigenarten sind diese Pflanzen nicht nur in der Lage, CO_2 aufzunehmen, sondern auch zu speichern.

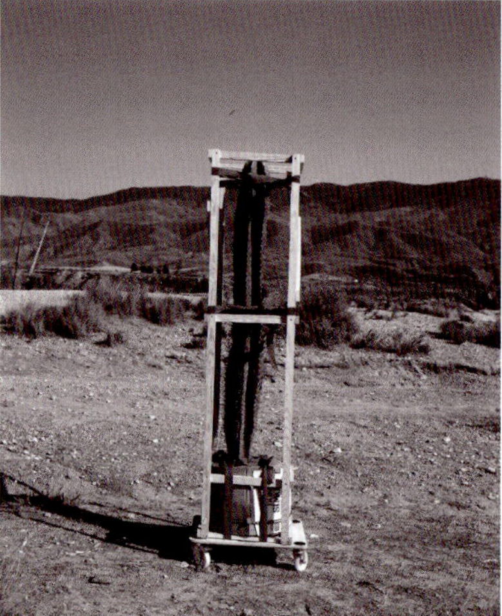

Ausgegraben, verpackt und reisefertig,
Texas Hollywood Film Studios, Tabernas-Wüste, Andalusien

Dug up, packed and ready to go,
Texas Hollywood Film Studios, Tabernas Desert, Andalusia

104

The Moravian missionary Benjamin Heyne discovers the process known as Crassulacean Acid Metabolism, or CAM, following the observation of just such behaviour in *Crassulaceae*. Heyne notes that the leaves of these plants have a bitter, acidic taste in the early morning and then lose their sourness by late afternoon. He attributes this to the absorption and storage of CO_2 during the night.

Note: The ecological success of succulents and cacti relates to their unique way of breathing – how they exchange oxygen, carbon dioxide and water vapour with the environment. When the sun comes up, most plants open their stomata and take up CO_2 from the atmosphere. This inevitably leads to the loss of water vapour. This water loss increases as the temperature rises. In the same way that a wet towel hung on the line at night will dry more slowly than during a warm day, cacti and other succulents conserve water by opening their stomata at night when temperatures are cooler and water loss minimal. They have developed biochemical quirks that allow them not only to take up CO_2 at night but also to store it.

Experimente belegen, dass leicht geneigt angebrachte Warmwasserrohre in Gewächshäusern die Wärme durch die Konvektionsströme im Raum zirkulieren lassen. Diese Heizmethode wird noch heute bevorzugt, wenn auch unterstützt durch eine elektrische Pumpe.

Der Feigendistelkaktus *Cactus polyacantha* wird erstmals im australischen Hunter Valley, 125 Kilometer nördlich von Sydney, als Weinberghecke angepflanzt. Er wird schnell heimisch und bald darauf zur Plage, der man auch durch Unterpflügen nicht mehr Herr wird, da dies im Gegenteil zu seiner vegetativen Vermehrung führt.

105

Experiments show how hot water pipes placed at a gentle slope in glasshouses allow convection currents to circulate the heat around the building. It is the beginning of the method still favoured today, although generally with the addition of an electric pump.

Cactus polyacantha (prickly pear) are introduced into Australia. They are used as hedges for vineyards in the Hunter Valley, located 80 miles (125 kilometres) northwest of Sydney. Once introduced, the cacti become naturalized and cannot be removed by being ploughed under, which instead only creates more cacti.

Nikolaus Otto meldet das erste Patent für einen Verbrennungsmotor an.

Anmerkung: Der erste Motor dieser Art wurde von Etienne Lenoir im frühen 19. Jahrhundert entwickelt und lief mit einem Gas-Luft-Gemisch. Andere, meist ölbetriebene Prototypen wurden in den 1860er und 1870er Jahren von Hock, Brayton, Capitaine und Hornby gebaut. Als wesentlich leistungsfähiger erweist sich jedoch Ottos liegender, mit Kohle und Benzin angetriebener Viertaktmotor.

Die britische Fenstersteuer von 1697 wird wieder abgeschafft.

106

The window tax of 1697 is finally abolished in Britain.

Nikolaus Otto registers the first patent for an internal combustion engine.

Note: The first engine of this kind was designed by Etienne Lenoir in the early nineteenth century and ran on a mixture of gas and air. Other, mostly oil-fuelled, prototypes were built soon afterwards by Hock, Brayton, Capitaine and Hornby during the 1860s and 1870s, but the most successful turned out to be Otto's four-stroke coal gas-fuelled horizontal engine.

Gottlieb Daimler optimiert zusammen mit Wilhelm Maybach den Verbrennungsmotor und lässt schließlich seinen benzinbetriebenen leichten und schnellen Einzylindermotor „Standuhr" patentieren. Das Grundprinzip des Motors bleibt fast ein Jahrhundert lang im Grunde unverändert. In dieser Zeit werden mehr als eine Milliarde solcher Motoren in Autos, Motorräder, LKW, Flugzeuge und Boote eingebaut und eine stetig wachsende Zahl stationärer und mobiler Geräte wie Stromgeneratoren und Rasenmäher mit ihnen betrieben.

Anmerkung: Die durch Autos verursachte Luftverschmutzung ist deshalb so erheblich, weil nur ein geringer Teil der in einem Verbrennungsmotor umgewandelten Energie tatsächlich der Fortbewegung dient. Bei einem gut eingestellten Motor werden nur knapp über dreißig Prozent des Kraftstoffs in Rotationsbewegung umgesetzt; durch Reibungsverluste verringert sich dieser Wert jedoch auf zwanzig Prozent. Die im Stadtverkehr unvermeidlichen Teillastfaktoren ebenso wie Automatikgetriebe können zu einer weiteren Halbierung des Restwertes führen, so dass die tatsächliche Energieeffizienz des Autos bei zehn bis zwölf Prozent, häufig jedoch nur bei sieben bis acht Prozent liegt.

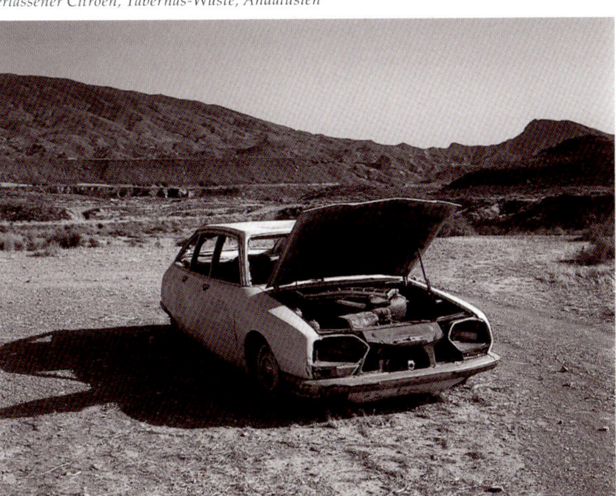

Verlassener Citroën, Tabernas-Wüste, Andalusien

Abandoned Citroën, Tabernas Desert, Andalusia

Gottlieb Daimler and Wilhelm Maybach make several improvements to the internal combustion engine. They patent a light, petrol-fuelled, high-speed, single-cylinder vertical engine. This basic concept for an engine remains virtually unchanged for a century during which more than a billion of them are installed, mostly in cars but also in motorcycles, trucks, airplanes, boats and in a growing range of stationary and mobile gadgets including small electricity generators and lawn mowers.

Note: Cars pollute so much because so little energy converted by internal combustion engines ends up doing the useful work of locomotion. A well-tuned engine converts just over thirty percent of petrol into rotary motion, but the frictional losses lower this by about twenty percent. Partial load factors, inevitable during urban driving, reduce this by another twenty percent. Accessory loss and automatic transmission may nearly halve the remainder so that the actual efficiency is no more than ten to twelve percent, and often as low as seven to eight percent.

In Australien befällt der Feigenkaktus 100 Hektar Weideland pro Stunde. Etwa 10 Millionen Hektar, vor allem in Queensland, sind inzwischen von ihm bedeckt und lassen sich nicht mehr landwirtschaftlich nutzen. 1925 wird die Larve der *Cactoblastis cactorum* (Kaktusmotte) in Australien eingeführt und trägt wesentlich zur Bekämpfung des Feigenkaktus bei.

108

The prickly pear cactus in Australia infests new rangeland at a rate of 100 hectares (250 acres) per hour. Approximately 10 million hectares, mainly in Queensland, are overwhelmed. Finally in 1925, the larvae of the moth *Cactoblastis cactorum* is introduced and becomes the major control agent for the prickly pear cacti in Australia.

Sergio Leone wird in Rom geboren.

Texas Hollywood

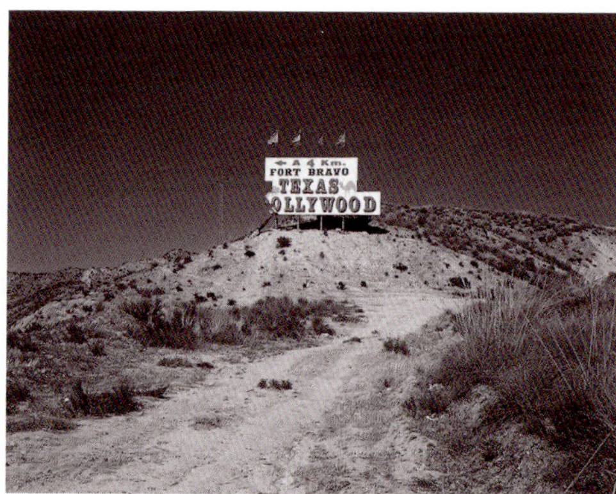

Texas Hollywood

Sergio Leone is born in Rome.

Der italienische Designer und Architekt Carlo Mollino kon-struiert zusammen mit Mario Damonte den Rennwagen Bisiluro, der beim 24-Stunden-Rennen von Le Mans in der Klasse bis 750 ccm startet.

Anmerkung: Obwohl der Wa-gen Geschwindigkeiten von bis zu 216 km/h erreichen kann, wird ihm seine Leichtbauweise schließlich zum Verhängnis, als er nach nur zwei Stunden buch-stäblich von der Strecke geweht wird.

Italian designer and architect Carlo Mollino and motor rac-ing enthusiast Mario Damonte design and build the Bisiluro to race in the 750cc class at the 24 Hours Le Mans endurance race.

Note: Although it can achieve speeds of up to 216 km/h, the Bisiluro suffers as a result of its lightweight design and is forced off the road after only two hours of racing.

A Fistful of Dollars (Für eine Handvoll Dollar) läuft in den Kinos an.

Anmerkung: Der Film mit Clint Eastwood in der Haupt-rolle wurde nach einem Drehbuch von Ryuzo Kikushi-ma und Akira Kurosawa in der Umgebung von Madrid und Almería gedreht. Leones Detailversessenheit in Bezug auf Kostüme, Waffen, Ausstattung usw. hatte zur Folge, dass etliche Pflanzen eigens am Set ange-pflanzt wurden, darunter große Agaven und ver-schiedene echte Kaktussorten, die zum Teil in der Ge-gend heimisch wurden. Nachdem man die Filmkulissen der Öffentlich-keit zugänglich gemacht hatte, wurden den Er-wartungen der Touristen ent-sprechend wei-tere Kakteen an-gepflanzt.

Grenzort, Texas Hollywood Film Studios, Tabernas-Wüste, Andalusien

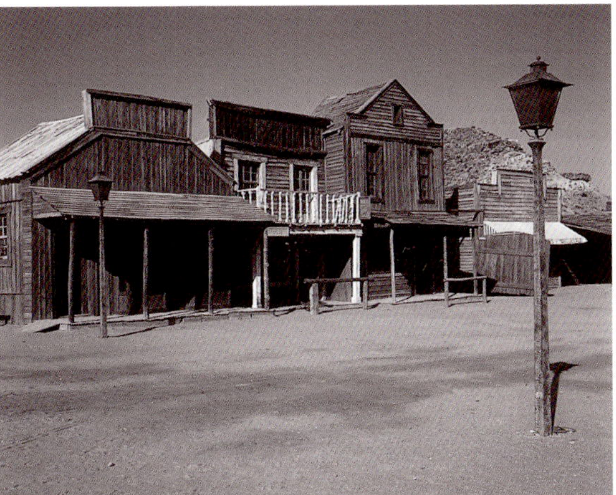

Frontier town, Texas Hollywood Film Studios, Tabernas Desert, Andalusia

A Fistful of Dol-lars is released.

Note: The film, which stars Clint Eastwood, is based on a screen-play by Ryuzo Kikushima and Akira Kurosawa and is filmed on location near Madrid and Almería. Leone's concern with the smallest details of dress, firearms, décor and so on lead to the introduction of various plants onto the set. These include large succulent 'cactus trees', or Agave, as well as genuine cacti of various kinds, some of which are now well established in the area. Further planting occurs to satisfy expectant tourists once the film sets open to the public.

109

For a Few Dollars More (Für eine Handvoll Dollar) läuft in den Kinos an.

The Good, The Bad and The Ugly (Zwei glorreiche Halunken) läuft in den Kinos an.

110

For a Few Dollars More is released.

The Good, The Bad and The Ugly is released.

Das Volvo-Werk im schwedischen Kalmar nimmt seine Produktion auf. Entstanden unter Mitwirkung der Volvo-Belegschaft in Zusammenarbeit der Ultra Group mit dem Architekten Gerhard Goehle, revolutioniert das Werk mit seinem innovativen „Butterfly"-Konzept Produktionsprozesse und Arbeitsbedingungen.

Der amerikanische Künstler Chris Burden durchquert mit einem selbstgebauten Mofa (ein mit einem kleinen japanischen Benzinmotor versehenes Rennrad) in sieben Stunden das Death Valley in Kalifornien.

111

The Kalmar Volvo plant opens in Sweden. Designed by the Ultra Group and architect Gerhard Goehle in consultation with Volvo workers, the plant, which introduces the innovative 'butterfly' factory plan, revolutionizes car production methods and working conditions.

American artist Chris Burden makes a seven-hour-long crossing of Death Valley, California on an improvised moped built from a racing bicycle fitted with a tiny Japanese petrol engine.

Eröffnung der Plataforma Solar in Almería als Forschungs-
zentrum zur Nutzung von Solarenergie. Die Anlage dient
der Stromerzeugung und besitzt außerdem ein großes
Areal zur Meerwasserentsalzung für den landwirtschaftli-
chen Gebrauch. Daneben werden hier neuartige Speicher-
techniken, preisgünstige Heliostate und Parabolantennen
entwickelt.

Solaranlage, Almería, Andalusien

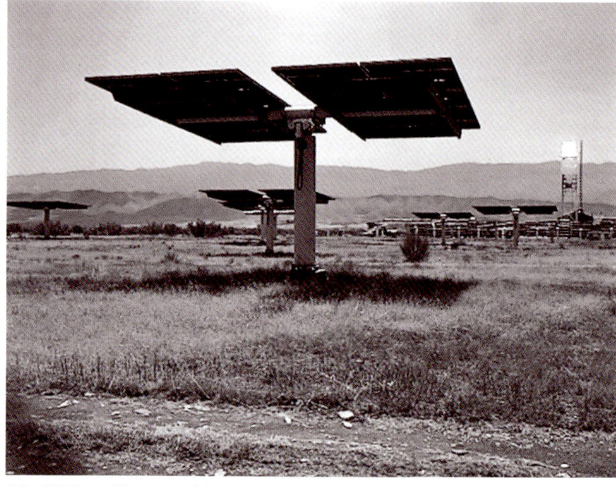

Solar Platform, Almería, Andalusia

The Solar Platform of Almería opens. The Platform is a research facility for developing solar energy use. As well as
generating electricity, the plant has a large area dedicated
to the desalination of seawater for use in agriculture, etc.
They also work on developing storage technology, low cost
heliostats and parabolic dishes.

Eröffnung des Portikus in Frankfurt am Main,
einem von Marie-Theres Deutsch und Klaus
Dreißigacker entworfenen Bau, der sich hinter
der Fassade der 1944 kriegszerstörten Stadt-
bibliothek befindet.

Portikus in Frankfurt/Main opens to the
public for the first time in a building designed
by Marie-Theres Deutsch and Klaus Dreißigacker. The new building is attached to the
façade of a former municipal library bombed
in 1944.

112

Im Volvo-Werk in Kalmar wird ein roter Volvo 240 montiert. Er ist 479 cm lang, 171 cm breit, 146 cm hoch und besitzt einen Volvo B 230K-Motor mit vier Zylindern, der bei 5100 UpM eine Leistung von 116 PS erzeugt. Der Wagen verbraucht unverbleiten Kraftstoff mit 98 Oktan und verfügt über eine Leerlaufdrehzahl von 15 UpS (900 UpM). Der Wagen wird in Großbritannien zugelassen (E261 XDS).

Am 16. Oktober wird die Ausstellung *Michael Asher* in der Kunsthalle Bern eröffnet. Asher platziert im Foyer der Kunsthalle siebzehn Heizkörper aus dem gesamten Gebäude, die anschließend mittels mehrerer hundert Meter Kupferrohre wieder mit dem ursprünglichen Zentralheizungssystem verbunden werden.

E261 XDS

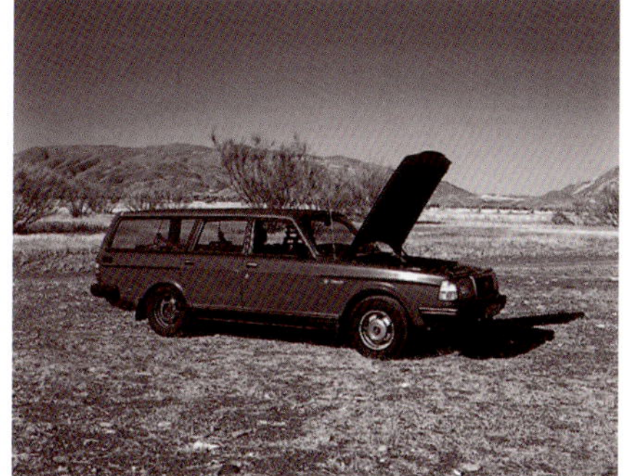

E261 XDS

A red Volvo 240 is manufactured at the Kalmar Volvo Plant. It is 479 cm in length, 171 cm wide and 146 cm high. It has a four-cylinder Volvo B 230K engine which generates 116 hp at 5100 rpm. It runs on 98 octane (4-star) unleaded fuel and has an idling speed of 15 r/s (900 rpm). It is registered in Britain (E261 XDS).

The 16 October sees the opening of *Michael Asher* at the Kunsthalle Bern. Asher's installation involves the repositioning of seventeen cast iron radiators from around the building in the entrance lobby of the Kunsthalle. The radiators are then reconnected to their original hot water supplies with hundreds of metres of copper piping.

113

Anlässlich der Ausstellung *Zuspiel* von Andreas Slominski und Ayşe Erkmen im Frankfurter Portikus verbrennt Slominski in einem kleinen Holzofen die zersägten Holzflügel einer Windmühle. Die Ausstellung läuft vom 3. Februar bis zum 24. März.

Am 23. Januar eröffnet Gabriel Orozco seine Ausstellung im Portikus. Das Rohmaterial für seine Installation bilden mehreren Tonnen Sand und Treibgut, die der Künstler entlang der Küste von Chacahua in Zapotalito, Oaxaca, in seiner Heimat Mexiko zusammengetragen hat.

114

In the exhibition *Zuspiel* by Andreas Slominski and Ayşe Erkmen at Portikus in Frankfurt/Main, Slominski installs a small wood burning stove in which he burns the cut-up wooden sails from a windmill. The exhibition runs from 3 February until 24 March.

On 23 January, Gabriel Orozco opens at Portikus. Orozco has collected several tons of sand and assorted flotsam along the beach of the Chacahua Sea in Zapotalito, Oaxaca, in his native Mexico, and with which he creates an installation.

Nach dem Mord an einer Ortsansässigen kommt es in El Ejido im Cabo de Gata, wenige Kilometer von den Filmkulissen in der Tabernas-Wüste entfernt, zu zweitägigen Unruhen.

Anmerkung: Cabo de Gata bildet ein riesiges, von Kunststoff-Gewächshäusern beherrschtes Areal. Mit einer Fläche von knapp 26.000 Hektar stellt dieses als Campo de Dalías bekannte Anbaugebiet einen großen wirtschaftlichen Faktor dar. Unter Polyethylen-Planen wachsen hier je nach den Anforderungen des Marktes tropische Früchte, Gemüse und Blumen heran. Diese Art des Anbaus hat die ehemals unfruchtbare Gegend in eine landwirtschaftliche Goldgrube verwandelt. Allerdings werden zur Bewässerung der Nutzpflanzen tiefe artesische Brunnen angezapft. Wissenschaftler befürchten daher einen baldigen Zusammenbruch dieser Ressourcen.

Im Zentrum dieses Anbaugebietes liegt El Ejido, dessen Einwohnerzahl von lediglich 2.000 vor zwanzig Jahren auf heute etwa 50.000 angestiegen ist. Vergleichbar einem Ort im Wilden Westen entsteht El Ejido entlang einer Hauptverkehrsstraße ohne jede Stadtplanung und ist fast gänzlich den Gesetzen des freien Marktes unterworfen. Die Goldgräberstimmung hat den Zuzug von Menschen aus ganz Spanien zur Folge, wobei in jüngster Zeit der Bedarf an Arbeitern, die hier unter Extrembedingungen schuften müssen, zur Ansiedlung von 10.000 vor allem illegalen Einwanderern aus Marokko und anderen afrikanischen Staaten in selbstgebauten Hüttendörfern am Rande der Stadt führt. Durch das Fehlen jeder Infrastruktur für so viele Menschen kommt es schließlich zu massiven gesellschaftlichen Problemen, zu Selbstmorden, Drogensucht und psychischen Erkrankungen.

Following the fatal stabbing of a local woman, a two-day riot erupts in El Ejido in Cabo de Gata, a few kilometres from the film sets in the Tabernas Desert.

Note: The Cabo de Gata is home to huge areas of plastic tents known as Campo de Dalías. At 64,000 acres, it represents a huge economic force in the region. The polythene canopies hide vast crops of tropical fruits, vegetables and flowers grown fast and precisely to market requirements. The tented agriculture has turned a once infertile area into an agricultural goldmine. However, the water used to irrigate the crops comes from deep artesian wells and scientists fear that the scarce resource might well be close to collapse.

The centre of this activity is El Ejido, which has grown from a modest population of 2,000 inhabitants twenty years ago to some 50,000 today. Like some Wild West town, El Ejido has grown along a main highway with little or no planning restraints and with the free market in almost total control. The bonanza has lured people from all over Spain and more recently the demand for workers willing to toil in the extreme conditions has led to the arrival of 10,000 immigrants (mostly illegal) from Morocco and other African countries, who have built shanty villages on the edges of town. The lack of facilities for this huge population has caused massive social problems, suicides, drug addiction and mental illness.

Anlässlich seiner Arbeit *One Thousand Gallon Wall* bohrt Jason Rhoades im Garten des Frankfurter Portikus nach Grundwasser.

Anmerkung: Rhoades richtet im Portikus eine Anlage zur Produktion des Parfüms *Kevin Costner Essence* ein. Hierfür entwickelt er den Duft *Gardenia alla Potpourri*, der sich aus verschiedenen Zutaten wie Öl, Essig, Zwiebeln, Knoblauch, Karotten, Salz und Wasser zusammensetzt. Die Mixtur wird in einem automatisierten Verfahren hergestellt und dabei in einer Art Zentrifuge dem Gesamtwerk des Schauspielers Kevin Costner ausgesetzt.

Weiß getünchtes Gewächshaus, Cabo de Gata, Andalusien

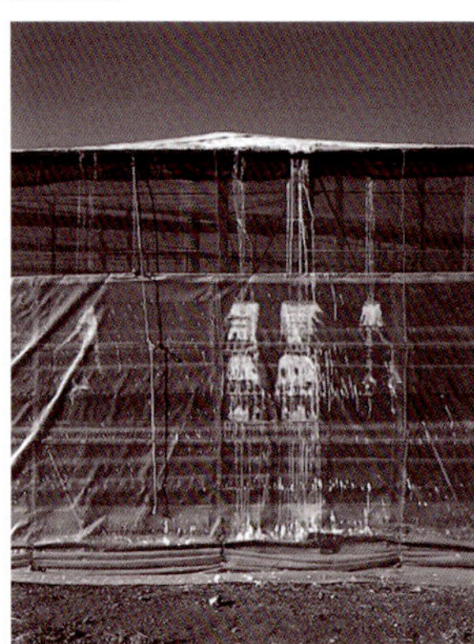

Whitewashed greenhouse, Cabo de Gata, Andalusia

As part of his work *One Thousand Gallon Wall*, Jason Rhoades attempts to drill for ground water in the garden of Portikus, Frankfurt/Main.

Note: Rhoades installs a production facility at Portikus to manufacture *Kevin Costner Essence* for which he develops the *Gardenia alla Potpourri* scent. Comprised of various ingredients such as oil, vinegar, onions, garlic, carrots, salt and water, a mixture is produced in an automated process, which, in a type of centrifuge, is exposed to the entire oeuvre of the actor Kevin Costner.

Im Mai werden vom Europäischen Parlament 12 Millionen Euro zur Verfügung gestellt, um die rasche Ausdehnung der andalusischen Tabernas-Wüste infolge von Klimawandel und unzureichender Bodennutzung aufzuhalten. Im August wird ein großer Cereus-Kaktus am Set der Texas Hollywood Film Studios ausgegraben und in einem roten Volvo 240 Estate 2.145 Kilometer weit nach Frankfurt am Main transportiert.

Production Still, Murcia, Spanien

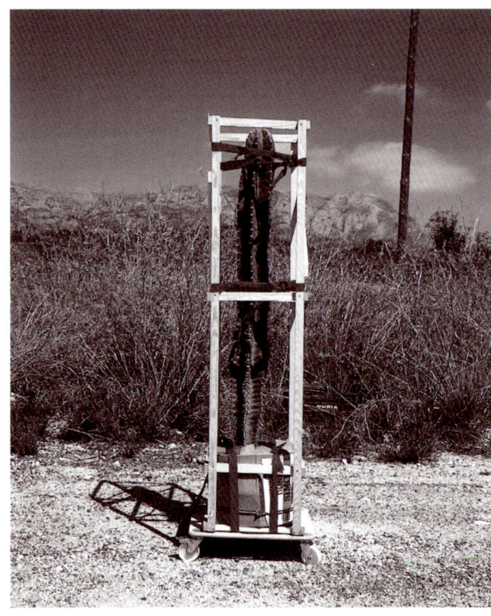

Production Still, Murcia, Spain

In May, twelve million euros are provided by the European parliament to slow down the growth of the Tabernas Desert, caused by climate change and poor land use. In August, a large cereus cactus is dug up on the set of the Texas Hollywood Film Studios and transported 2,145 kilometres to Frankfurt/Main in a red Volvo 240 Estate.

116

Am 9. September erfolgt die Durchquerung der spanischen Tabernas-Wüste auf einem behelfsmäßigen Elektrofahrrad. Dieses wird von einem 900-Watt-Elektromotor angetrieben, dessen Strom eine im Fahrradrahmen integrierte Nexa-Brennstoffzelle liefert. Die Brennstoffzelle erzeugt mithilfe eines Wasserstoffbehälters und des in der Umgebungsluft enthaltenen Sauerstoffs eine Leistung von bis zu 1.200 Watt.

Anmerkung: Für die über hügeliges Gelände führende Gesamtstrecke von 66 Kilometern sind zwei Leichtgasflaschen mit 800 Litern Druckgas erforderlich. Als Abfallprodukt produziert das Mofa bei seiner Wüstendurchquerung lediglich reines Wasser. Davon werden rund 600 Milliliter in einer unterhalb der Brennstoffzelle angebrachten Wasserflasche aufgefangen, der Rest entweicht als Wasserdampf.

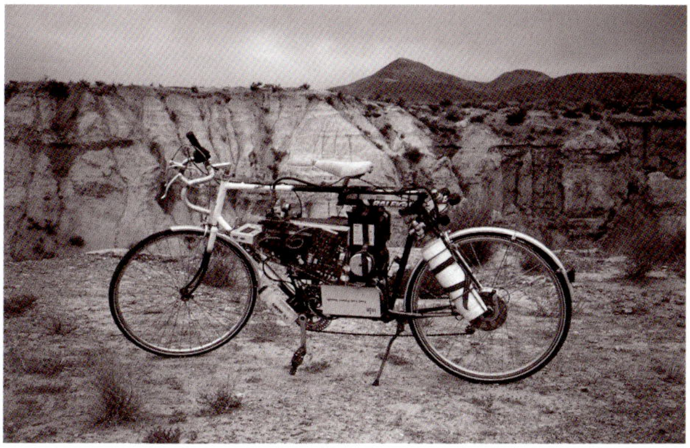

Tabernas Desert Run, 2004

On 9 September a crossing is made of the Tabernas Desert on an improvised electric bicycle. The bicycle is driven by a 900-watt electric motor that is in turn powered by electricity produced in a portable Nexa fuel cell fitted into its frame. The fuel cell is capable of producing up to 1,200 watts of power using only compressed bottled hydrogen and oxygen from the desert air.

Note: The entire journey of forty-one miles (sixty-six kilometres) over undulating terrain requires the use of two lightweight gas bottles containing 800 litres of compressed gas. The only waste product from the moped's desert crossing is pure water of which 600 millilitres are captured in a water bottle mounted below the fuel cell; the rest escapes as water vapour.

Am 28. und 29. März wird die Kopie des Kühlers aus dem 1955 von Carlo Mollino und Mario Damonte für das 24-Stunden-Rennens von Le Mans entworfenen Rennwagen Bisiluro in einen Fiat Panda, Baujahr 1986, eingebaut und mit ihm 24 Stunden lang auf der Tangenziale das Stadtzentrum von Turin umkreist.

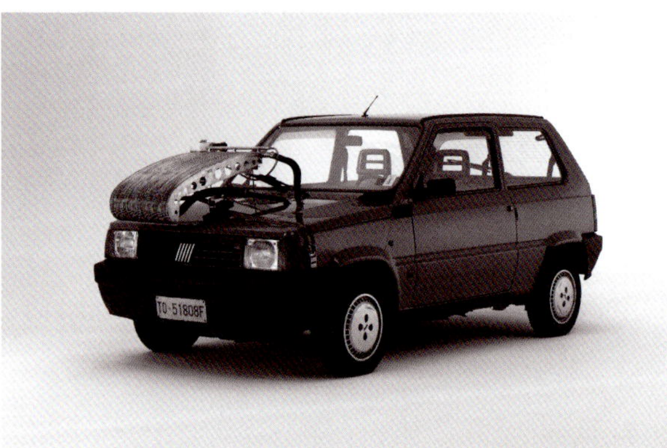

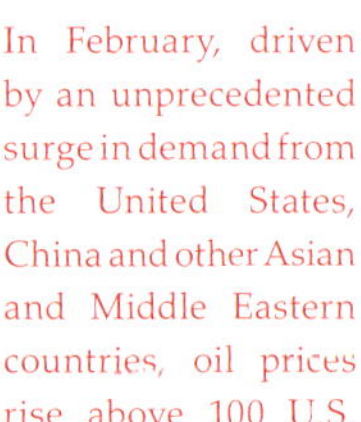

24 hr. Tangenziale, 2006

On 28 and 29 March, a replica of the radiator from the Bisiluro racing car designed by Carlo Mollino and Mario Damonte for the 24 Hours of Le Mans race in 1955, is fitted to a 1986 Fiat Panda and driven for twenty-four hours around the Tangenziale, Turin, Italy.

Ausgelöst durch einen beispiellosen Anstieg der Nachfrage in den Vereinigten Staaten, China und anderen Staaten in Asien und dem Nahen Osten, steigt der Ölpreis im Februar erstmals auf über 100 US-Dollar pro Barrel an. Im Juni wird im Innern des Kunstraums Dornbirn in Österreich ein Lehmziegelbau mit dem Titel *Plant Room* errichtet. Im Oktober gibt das am Massachusetts Institute of Technology gegründete Unternehmen Green Fuel Technologies einen Plan zum Bau eines 100 Hektar großen Gewächshauses mit Algen-Bioreaktor für die spanische Firma Aurantia bekannt. Im November verkündet der Automobilhersteller Ford Verluste in Höhe von 2,9 Milliarden US-Dollar während des dritten Geschäftsquartals.

In February, driven by an unprecedented surge in demand from the United States, China and other Asian and Middle Eastern countries, oil prices rise above 100 U.S. dollars a barrel for the first time. In June, a mud brick structure entitled *Plant Room* is built within the walls of the Kunstraum Dornbirn, Austria. In October, the MIT-based company Green Fuel Technologies announces a plan to build a 250-acre greenhouse for the Spanish firm Aurantia to house an algae bioreactor. In November, the Ford Motor Company announces losses of 2.9 billion U.S. dollars in the third financial quarter.

Anmerkung: Durch die Verbindung von historischen Bau-
verfahren mit einem energiesparenden, von einer Brennstoffzelle angetriebenen Hightech-Kühlsystem liefert der
Bau in *Plant Room* die perfekten „Archivbedingungen"
zur Präsentation von acht Originalabzügen des deutschen
Fotografen Karl Blossfeldt.

Anmerkung: Zur Erzeugung von 25.000 Tonnen Biomas-
se, aus der wiederum Biodiesel gewonnen wird, benötigt
diese Algenzuchtanlage etwa 50.000 Tonnen CO_2 jährlich,
die eine in unmittelbarer Nähe gelegene Zementfabrik des
Unternehmens Aurantia als Abgas produziert.

Note: Using a combination of ancient building techniques
and a high-tech, low-energy cooling system powered by a
fuel cell, the structure for *Plant Room* provides the perfect
'archival conditions' to exhibit eight vintage photographic
prints by German photographer Karl Blossfeldt.

Note: This huge algae farm will consume 50,000 tons of
CO_2 a year from Aurantia's nearby concrete plant, and produce 25,000 tons of biomass that will be used to produce
biodiesel.

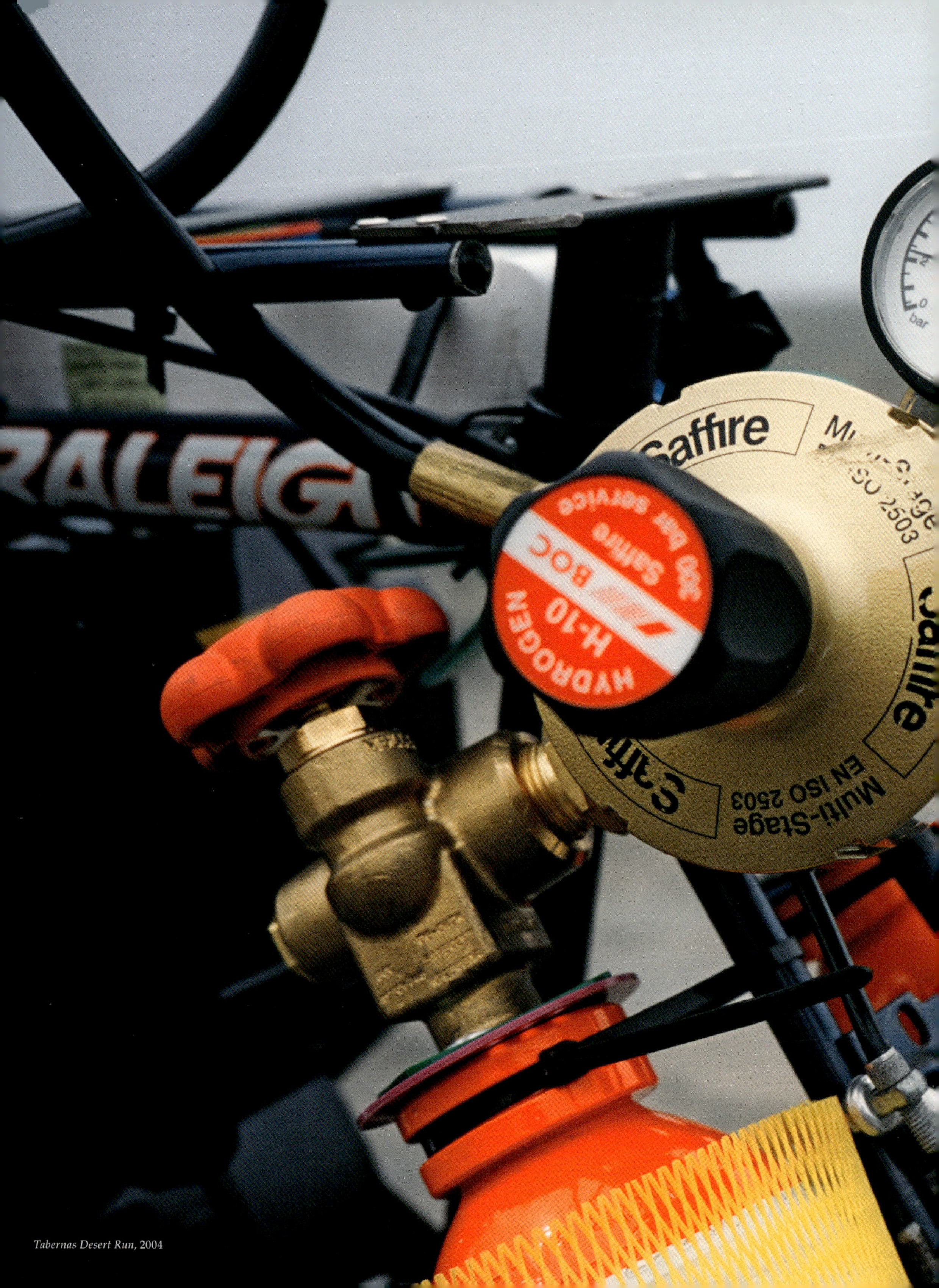

Tabernas Desert Run, 2004

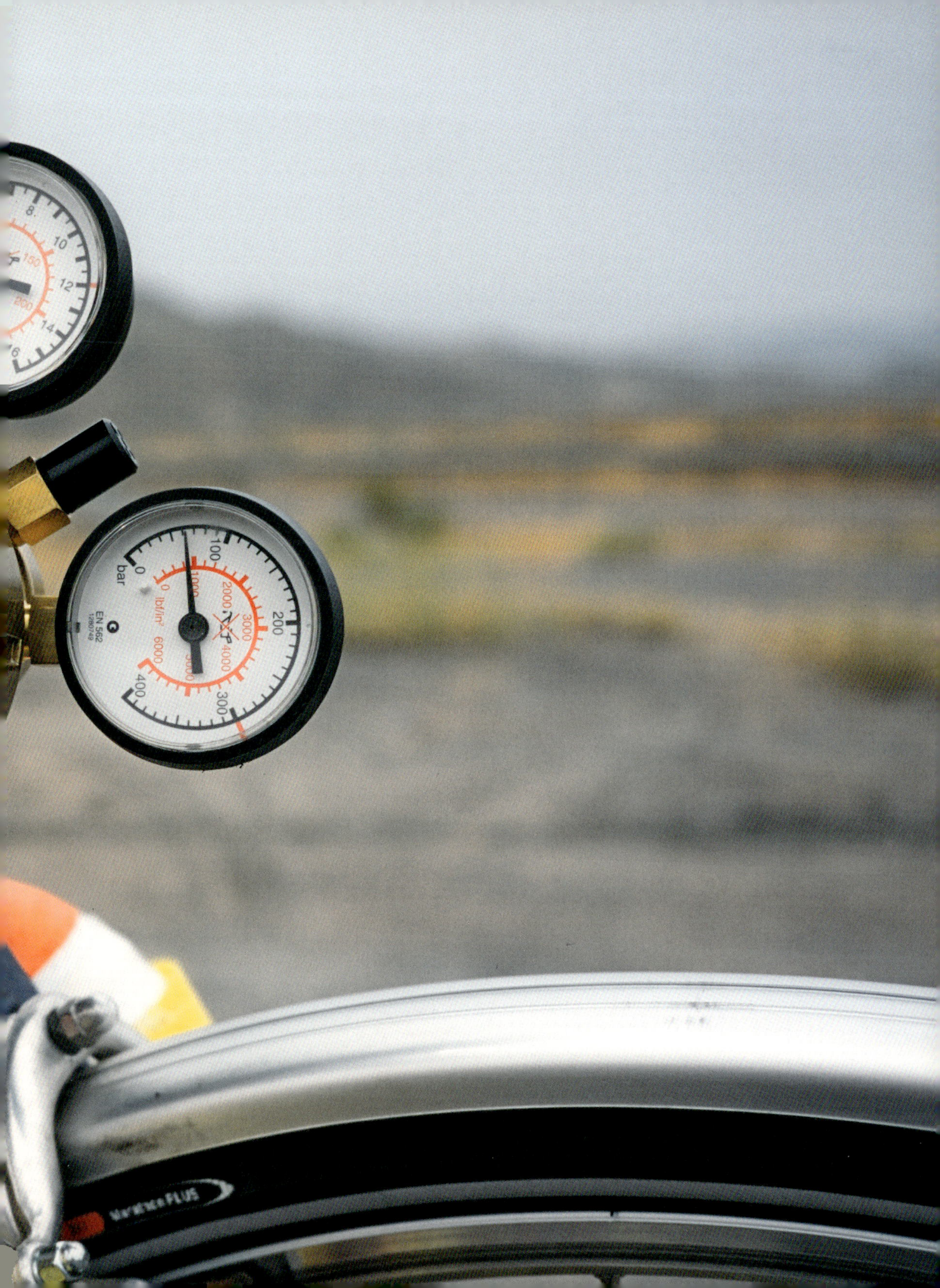

SIMON STARLING wird 1967 im britischen Epsom geboren. 1977 erwirbt er im Rahmen einer Tombola eine Sekunde einer Minute einer Stunde und gewinnt seine erste Fotokamera. 1980 richtet er sich zu Hause seine erste Dunkelkammer ein, 1992 schließt er sein Studium an der Kunstakademie in Glasgow ab. Von 1993 bis 1996 ist er Kommissionsmitglied der Transmission Gallery, Glasgow. 1995 produziert er seine erste Einzelausstellung in der Showroom Gallery, London. Dafür baut er einen Teil des Londoner Ausstellungsraums in Glasgow nach und nutzt diesen als Atelier [*An Eichbaum Pils Beer Can . . .*]. 1997 baut er in Marseille aus einer Vitrine des National Museum of Scotland, Edinburgh, ein kleines Fischerboot [*Blue Boat Black*], er fertigt einen Stuhl aus einem Fahrrad und umgekehrt [*Work, Made-ready, Kunsthalle Bern*]. 1998 lässt er, nachdem er für diesen Zweck in Ecuador einen Balsabaum gefällt hat, ein ferngesteuertes Modellflugzeug über das Museum of Modern Art in Heide, Melbourne, fliegen [*Le Jardin Suspendu*]. Im August 2002 gräbt er einen großen Cereus-Kaktus auf dem Gelände der Texas Hollywood Film Studios aus und befördert ihn in einem roten Volvo 240 Kombi 2.145 km weit nach Frankfurt am Main [*Kakteenhaus*]. 2003 präsentiert er im Palazzo Levi am Canal Grande in Venedig eine nicht ausdrücklich in Auftrag gegebene Arbeit im öffentlichen Raum im Rahmen der Gruppenausstellung *Zenomap*, dem schottischen Beitrag zur Biennale von Venedig [*Island for Weeds, Prototype*]. Im selben Jahr tritt er seine Stelle als Professor an der Frankfurter Städelschule an. Im Jahr 2004 wird er für den Hugo Boss Prize nominiert, im folgenden Jahr erhält er den Turner Prize. 2008 präsentiert er seine Ausstellungen unter anderem in einem ehemaligen Badehaus im schottischen Glasgow [*Project for a Public Sculpture (After Thomas Annan)*], in einer verfallenen Fabrik im österreichischen Dornbirn [*Plant Room*] und in einem als „Fetta di Polenta" (Polentaschnitte) bekannten, bizarr schmalen siebengeschossigen Haus in Turin [*Three Birds, Seven Stories, Interpolations and Bifurcations*].

SIMON STARLING is born in 1967 in Epsom, UK. In 1977 he buys one second of one minute of one hour in a raffle and wins his first camera. In 1980 he builds his first home-darkroom and in 1992 he was awarded a Master of Fine Arts at Glasgow School of Art. Between 1993 and 1996 he serves as committee member at Transmission Gallery, Glasgow. In 1995 he makes his first solo exhibition at the Showroom Gallery, London for which he reconstructs part of the London exhibition space in Glasgow to use as a studio [*An Eichbaum Pils Beer Can . . .*]. In 1997 he builds a small fishing boat in Marseille from a museum display case from the National Museum of Scotland, Edinburgh [*Blue Boat Black*] and makes a chair out of a bicycle and a bicycle out of a chair [*Work, Made-ready, Kunsthalle Bern*]. In 1998, following a trip to Ecuador to find a balsa tree, he flies a radio-controlled airplane over the Museum of Modern Art at Heide, Melbourne [*Le Jardin Suspendu*]. In August 2002 he digs up a large cereus cactus on the set of the Texas Hollywood Film Studio and transports it 2,145 km to Frankfurt/Main, Germany in a red Volvo 240 Estate [*Kakteenhaus*]. In 2003 he displays an unwanted public artwork in the Palazzo Levi on the Grand Canal as part of *Zenomap*, Scotland's contribution to the Venice Biennale [*Island for Weeds, Prototype*] and starts work as Professor of Fine Arts at the Städelschule, Frankfurt/Main. In 2004 he is shortlisted for the Hugo Boss Prize and in the following year wins the Turner Prize. In 2008 he makes exhibitions in among other places, a derelict bathhouse in Glasgow, Scotland [*Project for a Public Sculpture (After Thomas Annan)*], a semi-derelict factory in Dornbirn, Austria [*Plant Room*] and a fantastically narrow, seven-story house in Turin, Italy known as the 'Fetta di Polenta' (Slice of Polenta) [*Three Birds, Seven Stories, Interpolations and Bifurcations*].

BIBLIOGRAFIE / BIBLIOGRAPHY

CUTTINGS [SUPPLEMENT]
The Power Plant, Toronto 2008.
PLANT ROOM
Kunstraum Dornbirn, Nürnberg 2008.
NACHBAU
Museum Folkwang, Essen 2007.
24 HR TANGENZIALE
Galleria Franco Noero, Torino 2006.
CUTTINGS
Kunstmuseum Basel, Museum für Gegenwarts-
kunst, Ostfildern-Ruit 2005.
CARBON (PEDERSEN)/NOTES ON THE BUILDINGS OF
MR. NAUJOK AND MR. JEANNERET
Städtische Ausstellungshalle am Hawerkamp,
Münster/Villa Arson, Nice 2004.
MATHEW JONES/SIMON STARLING
Museum of Contemporary Art,
Sydney 2003.
SIMON STARLING
MACRO – Museo d'Arte Contemporanea,
Roma 2003.
DJUNGEL
Dundee Contemporary Arts,
Dundee 2002.
KAKTEENHAUS
Portikus, Frankfurt/Main 2002.
FLAGA (1972–2000)
Galleria Franco Noero, Torino 2002.
POUL HENNINGSEN. SIMON STARLING
Cooper Gallery, University of Dundee,
Dundee 2001.
CMYK/RGB
FRAC Languedoc-Roussillon,
Montpellier/Cluj 2001.
INVERTED RETROGRADE THEME
Wiener Secession, Wien 2001.
FRONT TO BACK
Camden Arts Center, London/John Hansard
Gallery, Southhampton 2000.
PROJECT FOR A MODERN MUSEUM
Moderna Museet, Stockholm 1999.
BLINKY PALERMO STIPENDIUM
Galerie für Zeitgenössische Kunst, Leipzig 1999.
DOUBLE NARRATIVE (AFTER ROBERT SMITHSON)
The Modern Institute, Glasgow 1998.
BLUE BOAT BLACK
Transmission Gallery, Glasgow 1997.

KAKTEENHAUS, 2002

Cereus-Kaktus, gefunden am Set der Texas
Hollywood Film Studios in der Tabernas-Wüste,
Andalusien, ausgegraben und in einem Volvo
240 Kombi 2.145 km weit nach Frankfurt am
Main transportiert

Volvo 240 Kombi, Cereus-Kaktus, Rohrleitungen, Kabel, Thermometer

A cereus cactus, found growing in the Tabernas
Desert, Andalusia, on the set of the Texas
Hollywood Film Studios, dug up and transpor-
ted 2,145 km to Frankfurt/Main in a Volvo 240
Estate

Volvo 240 Estate, cereus cactus, piping,
cables, thermometer

PLANT ROOM, 2008

Lehmziegel, Brennstoffzelle, Klimasystem,
Vitrine, acht Vintage Prints von Karl Blossfeldt

Mud bricks, fuell cell, clima system, vitrine,
eight vintage prints by Karl Blossfeldt

UNDER LIME, 2009

Lindenast, kettensägenbetriebener Flaschenzug

Lime tree branch, chainsaw-powered hoist

DANK / ACKNOWLEDGMENTS

SIMON STARLING & TEMPORÄRE KUNSTHALLE BERLIN
DANKEN / WOULD LIKE TO THANK

Pernille Albrethsen, Yaşar Bilgin,
Daniel Birnbaum, Jaka Bizilj, Katja Blomberg,
Martin Malte Blumenthal, Thomas Boström,
Henriette Bretton-Meyer, Nicole Carqueville,
Arne Clemens, Jens Cooper, Pascal Decker,
Michael Dropmann, Hans Dünser, Carola Dürr,
Sigmar Gabriel, Jean-Marc Gallé, Robert Gertig,
Tobias Großmann, Klaus Groth, René Gurka,
Anke Hafner, Volker Hassemer, Anne Haun,
Jobst Henze, Manfred Herrmann,
Julian Heynen, Marcus Hoffmann, Uffe Holm,
Stefan Horsthemke, Rüdiger von Hülst,
Gerhard Janetzky, Andreas Jördens,
Ingeborg Junge-Reyer, Antje Kalcher,
Heidrun Kaufmann, Oliver Kern,
Burkhard Kieker, Adolf Krischanitz,
Nathalie Landenberger, Wolfgang Leder,
Dirk Luckow, Ralf Lücke, Maria Elisa Marchini,
Gerald Matt, Richard Meng, Sebastian Murr,
Michael Müller, Tim Neuger, Jan Oelmann,
Sigrid Otto, Lutz Palm, Alexandra Papadopoulou,
Fred Pawlitzki, Kasper Pedersen, Ulrike Petzold,
Henrik Plenge-Jacobsen, Rudolf Pütz,
Martin Rauch, Dagmar Reim,
Christoffer Richartz, Ralf Riege,
Burkhard Riemschneider,
Dieter und Si Rosenkranz, Thomas Rühle,
Dietmar Schenk, André Schmitz,
Christoph Schwarz, Ewold Seeba,
Gereon Sievernich, Alice Starling,
Vincent Starling, Frank-Walter Steinmeier,
Beate Stoffers, Volkmar Strauch, Karl Tempel,
Rainer Thiele, Iris von Tiedemann,
Christiane von Trotha, Bärbel Vischer,
Winfried Vogler, Jochen Voltz, Daniel Wall,
Uwe Wirthwein, Robert Wieser, Jörg Woltmann,
Klaus Wowereit, Norbert Zimmermann,
Cornelia Zinken

Berlin Partner GmbH
BTM Berlin Tourismus Marketing GmbH
Bundesministerium für Umwelt, Naturschutz
und Reaktorsicherheit
CLAYTEC e.K.
Club Bel Etage
Denkmalpflege Prenzlau GmbH
DSK Deutsche Stadt- und
Grundstücksentwicklungsgesellschaft mbH
Baumrevier des Straßen- und Grünflächenamtes,
Berlin-Mitte
interzone GmbH & Co. KG
Kunstraum Dornbirn
McKinsey & Company
neugerriemschneider
Senatsverwaltung für Stadtentwicklung Berlin
Staatliche Museen zu Berlin,
Stiftung Preußischer Kulturbesitz
Universitätsarchiv, Universität der Künste Berlin
Wilhelm Noack oHG, Berlin

Plant Room wurde erstmals von Bärbel Vischer
im Kunstraum Dornbirn (2008) gezeigt und
Kakteenhaus von Daniel Birnbaum und Jochen
Voltz im Portikus, Frankfurt am Main (2002).

Plant Room was originally curated by Bärbel
Vischer at Kunstraum Dornbirn (2008), and
Kakteenhaus by Daniel Birnbaum and Jochen
Voltz at Portikus, Frankfurt/Main (2002).

FÖRDERUNG / SPONSORS

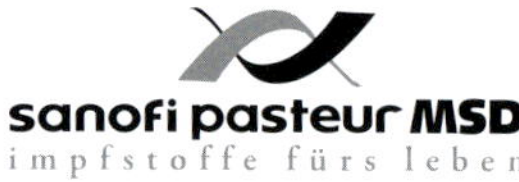
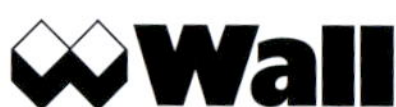

K&L | GATES

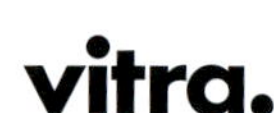

PARTNER / SPONSORS

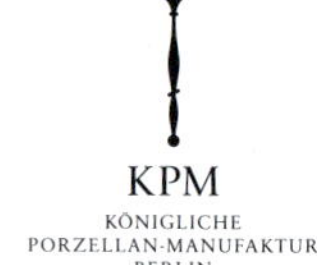

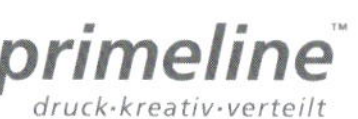

126

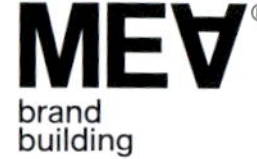
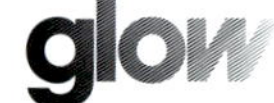
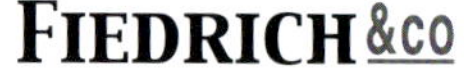
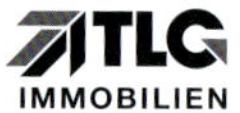
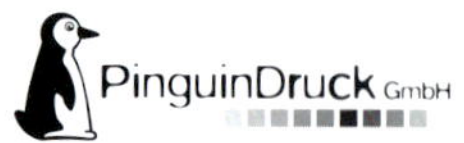

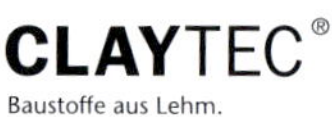
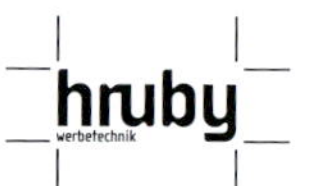
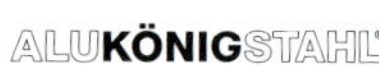
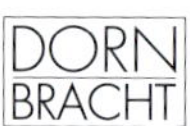
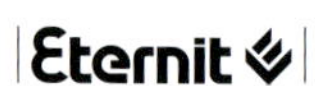
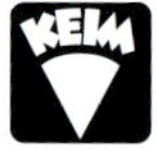
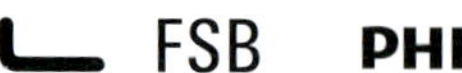

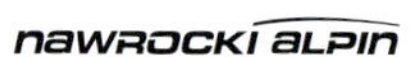
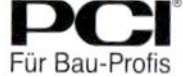
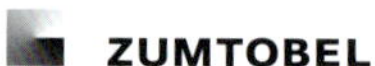

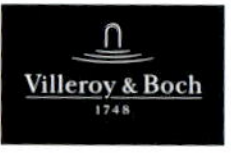
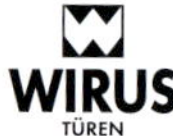
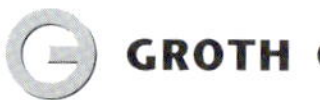
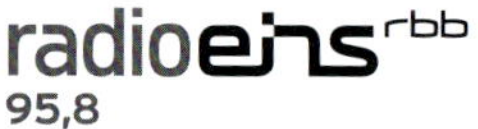

MEDIENPARTNER / MEDIA PARTNER

Dieser Katalog erscheint anlässlich der Ausstellung /
This catalogue is published on the occasion of
the exhibition
Simon Starling: Under Lime
Temporäre Kunsthalle Berlin, 07.02.2009 – 18.03.2009

KURATOR / CURATOR
Julian Heynen
HERAUSGEBER / EDITOR
Cube Kunsthalle Berlin gGmbH
REDAKTION UND KOORDINATION /
MANAGING EDITOR
Angela Rosenberg
LEKTORAT / COPYEDITING
Sarah Campbell, Katrin Sauerländer
ÜBERSETZUNGEN / TRANSLATIONS
Fiona Elliott, Ralf Schauff
GESTALTUNG / DESIGN
very, Frankfurt am Main

FOTOGRAFIE / PHOTOGRAPHY
Karl Blossfeldt
48, *Zinnia elegans*,
o.D. / undated, 29,7 x 23,8 cm (S. / p. 37)
71, *Filipendula hexapetala*,
o.D. / undated, 29,9 x 24 cm (S. / p. 38)
238, *Valeria alliariifolia*,
o.D. / undated, 29,9 x 23,9 cm (S. / p. 39)
379, *Abutilon*,
o.D. / undated, 29,8 x 23,8 cm (S. / p. 40)
401, *Equisetum*,
o.D. / undated, 30,2 x 11,8 cm (S. / p. 41)
49, *Campanula*,
o.D. / undated, 29,8 x 23,9 cm (S. / p. 42)
108, *Chrysanthemum segetum*,
o.D. / undated, 29,9 x 23,8 cm (S. / p. 43)
103, *Equisetum hyemale*,
o.D. / undated, 30 x 23,4 cm (S. / p. 44)
Ruth Clark/Simon Starling (S. / pp. 50–51)
Arthur Evans (S. / p. 55)
Steve Payne (S. / p. 60)
Simon Starling (S. / pp. 11–16, 47, 52–53, 98–118)
Jens Ziehe (S. / pp. 59, 66–96)

COURTESY
Sammlung Karl Blossfeldt, Universitätsarchiv,
Universität der Künste Berlin (S. / pp. 37–47)
Collection FRAC Nord-Pas de Calais,
Dunkerque (S. / p. 47)
Museum Folkwang, Essen (S. / p. 59)
Art Gallery of Ontario, Toronto (S. / p. 60)

GESAMTHERSTELLUNG / PRODUCTION
Printmanagement Plitt, Oberhausen

Printed in Germany
ISBN 978-3-86560-597-9

ERSCHIENEN IM / PUBLISHED BY
Verlag der Buchhandlung Walther König, Köln
Ehrenstraße 4
D–50672 Köln
Tel +49 (0) 221 – 20 59 6 53
Fax + 49 (0) 221 – 20 59 6 60
www.buchhandlung-walther-koenig.de

© 2009 Cube Kunsthalle Berlin gGmbH
für / for Temporäre Kunsthalle Berlin, Autoren / authors,
Fotografen / photographers und / and Verlag der
Buchhandlung Walther König, Köln

Temporäre Kunsthalle Berlin
Schlossfreiheit 1, D–10178 Berlin
www.kunsthalle-berlin.com

Die Deutsche Bibliothek – CIP Einheitsaufnahme
Ein Titelsatz für diese Publikation ist bei
Der Deutschen Bibliothek erhältlich

VERTRIEB / DISTRIBUTION
Schweiz / Switzerland
Buch 2000
c/o AVA Verlagsauslieferungen AG
Centralweg 16, CH–8910 Affoltern a.A.
Tel. +41 (0) 44 762 42 00 Fax +41 (0) 44 762 42 10
a.koll@ava.ch

UK & Eire
Cornerhouse Publications
70 Oxford Street, GB–Manchester M1 5NH
Tel. +44 (0) 161 200 15 03 Fax +44 (0) 161 200 15 04
publications@cornerhouse.org

Außerhalb Europas / Outside Europe
D.A.P./Distributed Art Publishers, Inc.
155 6th Avenue, 2nd Floor, New York, NY 10013
Tel: +1 212-627-1999 Fax: +1 212-627-9484
eleshowitz@dapinc.com